Wörlen Anleitung zur Lösung von Zivilrechtsfällen
4. Auflage

# Anleitung zur Lösung von Zivilrechtsfällen

*Methodische Hinweise und Bearbeitungs-Muster*

Von Dr. iur. Rainer Wörlen
Professor an der Fachhochschule Köln

4., völlig überarbeitete und erweiterte Auflage

Carl Heymanns Verlag KG Köln · Berlin · Bonn · München

Die Deutsche Bibliothek – CIP-Einheitsaufnahme

**Wörlen, Rainer:** Anleitung zur Lösung von Zivilrechtsfällen: methodische Hinweise und Bearbeitungs-Muster / von Rainer Wörlen. – 4., völlig überarb. und erw. Aufl. – Köln; Berlin; Bonn; München: Heymann, 1993

ISBN 3-452-22556-9



Nachdruck 1994



ISBN 3-452-22556-9

Gedruckt in der Gallus Druckerei KG Berlin

*Gregor Terhardt*
Leitender Regierungsdirektor
zum Gedächtnis

# Vorwort zur vierten Auflage

Durch das seit dem 1. 1. 1992 geltende »Betreuungsrecht« und den damit verbundenen Wegfall der Entmündigung Erwachsener (und der §§ 6, 114, 115 BGB) mußte Fall 6, Aufgabe 1 (mit den entsprechenden methodischen Hinweisen) ausgetauscht werden.

Da zur Vorbereitung auf die »Anfänger-Übung im Bürgerlichen Recht« schon in Erst- und Zweitsemester-Arbeitsgemeinschaften immer häufiger auch Hausarbeiten verlangt werden, habe ich den »Anhang« um Hinweise zur äußeren Gestaltung und Form von *Hausarbeiten* erweitert.

Im übrigen haben mich die uneingeschränkt wohlwollenden Rezensionen und Zuschriften darin bestärkt, das bewährte didaktische Konzept der Gegenüberstellung von »Methodischen Hinweisen« und gutachtlichen »Ausarbeitungen« beizubehalten. **Die (studierenden) Leser/innen mögen hierzu unbedingt den folgenden Auszug aus dem Vorwort zur ersten Auflage – »Zugleich ein Arbeitsvorschlag« – beachten, um effektiv mit dem Buch arbeiten zu können.**

Das Literaturverzeichnis und die Literaturhinweise »Zur Vertiefung« wurden erweitert und auf den neuesten Stand gebracht.

Für ihre konstruktiv-kritische Mithilfe bei der Überarbeitung dieses Werkes gilt mein besonderer Dank Frau Kollegin Regierungsoberrätin *Karin Metzler-Müller* von der Verwaltungsfachhochschule Wiesbaden.

Hinweise und Anregungen aus dem Leserkreis werde ich auch weiterhin dankbar berücksichtigen.

Köln, im Dezember 1992 *Rainer Wörlen*

# Aus dem Vorwort zur ersten Auflage

## *Zugleich ein Arbeitsvorschlag*

Dieses Buch geht zurück auf eine in der Zeitschrift »Juristische Arbeitsblätter« (JA-Übungsblätter 1979 und 1980) erschienene Aufsatzserie »Praktische Anleitung zur Lösung von Fällen im Zivilrecht für Studienanfänger (1. und 2. Semester)«, die für die jetzt erfolgte Zusammenfassung eingehend überarbeitet, ergänzt und aktualisiert wurde.

Den Anstoß zur Veröffentlichung möglichst »einfacher« klausurmäßiger Fallösungen gab die Beobachtung, daß bisher publizierte Anfänger-Fallsammlungen häufig erst für das Niveau von Student(inn)en dritter und höherer Semester geeignet erscheinen. Student(inn)en des ersten und auch des zweiten Semesters, denen darüber hinaus vom ersten Tag des Studiums an die einschlägigen Ausbildungszeitschriften zur Durcharbeitung empfohlen werden, können jedoch mit den dort angebotenen – qualitativ guten – Fallbearbeitungen oft wenig anfangen, zumal sie angesichts einer Fußnotenflut von Rechtsprechungs- und Literaturhinweisen »den Wald vor lauter Bäumen« nicht mehr sehen.

Unverständnis und Mutlosigkeit sind daher nicht selten die Folge. Hier abzuhelfen war nicht zuletzt Ziel meiner dreijährigen Tätigkeit als Leiter von Arbeitsgemeinschaften und Übungen an den Universitäten Würzburg und Freiburg – beides Hochschulen von Bundesländern, die in ihren juristischen Staatsexamina das reine Klausurensystem (ohne Hausarbeit) bevorzugen. Die von mir gewählte Darstellungsweise der optischen Gegenüberstellung von »Methodischen Hinweisen« (die, um die Darstellung möglichst kurz zu halten, bisweilen in stichwortartigen Sätzen erfolgen) und »Ausarbeitung (Gutachten)« fand bei den Student(inn)en ein so positives Echo, daß ich mich entschloß, die wichtigsten Fälle einem größeren Leserkreis zugänglich zu machen.

Das nun entstandene Buch soll nicht als Konkurrenz zu der bereits großen Anzahl von Fallsammlungen im Zivilrecht verstanden werden, sondern soll diese ergänzen bzw. als Vorbereitung auf eines dieser – materiell schwierigeren und entsprechend »anspruchs-volleren« – Werke dienen. Die Vermittlung materiellen Stoffes ist daher nur sekundäres Ziel meines Buches. Qualitativ und quantitativ bewegt sich der Inhalt der Fallösungen im Rahmen dessen, was ihr Studium ernst nehmende durchschnittliche Anfänger(innen) nach guter Vorbereitung in den Arbeitsgemeinschaften in einer Klausur tatsächlich »zu Papier bringen« könnten.

Materiell beschränken sich die Lösungen auf den Stoff der Erst- und Zweitsemester-Arbeitsgemeinschaften im Zivilrecht, also den Allgemeinen Teil des BGB und den Allgemeinen Teil des Schuldrechts. Dabei ließen sich einerseits kleine Übergriffe auf das Besondere Schuldrecht und auch einmal auf das Sachenrecht – im Hinblick auf die dort vorkommenden Anspruchsgrundlagen – nicht vermeiden; andererseits sollte auch nicht der gesamte Stoff des Allgemeinen Teils und des Allgemeinen Schuldrechts berücksichtigt werden. Dies bleibt Lehrbüchern und Grundrissen vorbehalten.

Um möglichst intensiv von der Durcharbeitung des Buches zu profitieren, müssen die Student(inn)en wissen, wie sie vorgehen sollen. Bevor man sich als Anfänger(in) mit den *Methoden* zur Lösung von Klausuren beschäftigt, sollte man zumindest *ein Einführungswerk* zum BGB gelesen haben, das mit der Terminologie und den wesentlichen Grundbegriffen vertraut macht. Hier empfiehlt sich u. a., da kurz, verständlich und bündig, nach wie vor das im Literaturverzeichnis genannte Werk von *Westermann**. Weiter sollte man wie folgt verfahren: *Zunächst sollten (jedesmal!) die für alle Fallbearbeitungen gültigen, im Anschluß an den Sachverhalt von Fall 1 dargestellten allgemeinen Vorüberlegungen gelesen werden.* Sodann sollte jeder Fall von den Leser(inne)n selbst zu lösen versucht werden, was natürlich nur sinnvoll ist, wenn man über das in den Überschriften skizzierte Stoffgebiet schon einmal etwas gehört bzw. (in einem Einführungswerk) gelesen hat. Welche Zeit für die eigene klausurmäßige Bearbeitung eines Falles durchschnittlich nicht überschritten werden sollte, ist jeweils angegeben. Ist die eigene Lösung fertiggestellt, empfiehlt es sich, zunächst die hier vorgeschlagene *Gutachten-Lösung* auf den *rechten* Seiten des Buches durchgehend zu lesen. Dann sollten die *»Methodischen Hinweise«* auf den *linken* Buchseiten

* sowie insbesondere *meine eigenen Werke,* die im *Literaturverzeichnis* genannt sind und 1986 noch nicht existierten . . .

durchgearbeitet und der dort angesprochene Abschnitt der Ausarbeitung (Gutachten) auf den rechten Buchseiten sofort (nochmals) gelesen werden.

Im Anschluß daran sei schließlich die erneute zusammenhängende Lektüre von Sachverhalt und Gutachten (rechte Seiten) empfohlen, damit der unmittelbare Bezug zum Fall nicht verlorengeht und eine geschlossene Lösung im Gedächtnis bleibt.

Bewußt wurden in den »Methodischen Hinweisen« mancherorts Wiederholungen vorgenommen; denn je öfter man »dasselbe« liest, um so mehr bleibt erfahrungsgemäß haften.

Die Literaturhinweise am Ende der »Methodischen Hinweise« sind – wie die Überschrift erkennen läßt – insbesondere für die Bearbeiter/innen gedacht, die den angesprochenen Stoff eingehend vertiefen wollen.

Noch etwas: *Gesetzesparagraphen*, die man noch nicht »auswendig« kann, sollte man *immer wieder lesen! Nicht umsonst heißt es »Die halbe Juristenweisheit steht im Gesetz« oder »Der Blick ins Gesetz erleichtert die Rechtsfindung«!*

Es soll und kann nicht Ziel dieses Buches sein, aus den Leser(inne)n »perfekte Klausurenschreiber(innen)« zu machen; die Lektüre kann aber den Student(inn)en eine »Angst« nehmen, die sich vom ersten Tag des Studiums an festzusetzen scheint – die Angst vor dem »Gespenst Klausur«.

Für Hinweise und Anregungen aus dem Leserkreis bin ich stets dankbar.

Münster, im Mai 1986 *Rainer Wörlen*

# Inhalt

## Anhang

# Abkürzungen

| | |
|---|---|
| a.a.O. | am angegebenen Ort (= bezieht sich grundsätzlich auf die vorhergehende Zitierung desselben Autors) |
| Abs. | Absatz |
| AG | Amtsgericht |
| AGB | Allg. Geschäftsbedingungen |
| AGBG | Gesetz zur Regelung der Allg. Geschäftsbedingungen |
| AgrarR | AGRARRECHT (Zeitschr.) |
| AJP | Aktuelle Juristische Praxis (Zeitschr./Schweiz) |
| allg. | allgemein/e/er/es |
| Alt. | Alternative |
| Anm. | Anmerkung |
| arg. | Argument |
| AT | Allgemeiner Teil |
| Aufl. | Auflage |
| Bd. | Band |
| BGB | Bürgerliches Gesetzbuch |
| BGH | Bundesgerichtshof |
| BGH LM | Nachschlagewerk des BGH, hrsg. v. Lindenmaier, Möhring u. a. (Loseblattsammlung) |
| BGHZ | Entscheidungen des BGH in Zivilsachen |
| Bj. | Baujahr |
| BR | Bürgerliches Recht |
| bzw. | beziehungsweise |
| c.i.c. | culpa in contrahendo (Verschulden bei/vor Vertragsschluß) |
| d. h. | das heißt |
| ders. | derselbe |

| | |
|---|---|
| Diss. | Dissertation |
| Einf. | Einführung |
| erw. | erweitert(e) |
| etc. | et cetera (= usw.) |
| f. (ff.) | folgende (z. B. Seite/n) |
| Fn. | Fußnote |
| gem. | gemäß |
| gg. | gegen |
| ggf. | gegebenenfalls |
| HGB | Handelsgesetzbuch |
| h. M. | herrschende Meinung (in Rechtsprechung und/oder Literatur) |
| Hrsg./hrsg. | Herausgeber/herausgegeben |
| Hs. | Halbsatz |
| i. d. R. | in der Regel |
| i. S. | im Sinne |
| i. S. d. | im Sinne der/des |
| i. S. v. | im Sinne von |
| i. V. m. | in Verbindung mit |
| JA | Juristische Arbeitsblätter |
| JuS | Juristische Schulung |
| lat. | lateinisch |
| LG | Landgericht |
| lt. | laut (i. S. v. gemäß) |
| neubearb. | neubearbeitet |
| NJW | Neue Juristische Wochenschrift |
| NRW (NW) | Nordrhein-Westfalen |
| o. | oder |
| o. ä. | oder ähnliches |
| pVV | positive Vertragsverletzung |

| | |
|---|---|
| Rdnr. | Randnummer |
| RGZ | Entscheidungen des Reichsgerichts in Zivilsachen |
| S. | Satz; Seite/n |
| SachR | Sachenrecht |
| SchR | Schuldrecht |
| s. o. | siehe oben |
| sog. | sogenannt/e/er/es |
| Std. | Stunde/n |
| u. | und |
| u. a. | unter anderem/und anderen |
| u. ä. | und ähnliches |
| Urt. | Urteil |
| usw. | und so weiter |
| Var. | Variante |
| verb. | verbesserte |
| vgl. | vergleiche |
| Vorb. | Vorbereitung |
| WE | Willenserklärung |
| z. B. | zum Beispiel |
| Zeitschr. | Zeitschrift |
| Ziff. | Ziffer |
| zit. | zitiert |
| Ztr. | Zentner |

# Literatur


| | |
|---|---|
| *Alpmann* u. *Schmidt* | (Juristische Lehrgänge) BGB AT 1, 1991; BGB AT 2, 1991; Schuldrecht AT 1, 1991; Schuldrecht AT 2, 1991; Juristische Klausurtechnik, 1987 |
| *Brehm,* Wolfgang | Allgemeiner Teil des BGB, 1991 |
| *Brox,* Hans | Allgemeiner Teil des Bürgerlichen Gesetzbuches, 16. Aufl., 1992 |
| *ders.** | Allgemeines Schuldrecht, 20. Aufl., 1992 |
| *ders.** | Besonderes Schuldrecht, 18. Aufl., 1992 |
| *Brühl,* Raimund | Die juristische Fallbearbeitung in Klausur, Hausarbeit und Vortrag, 3., neubearb. Aufl., 1992 |
| *Bund,* Elmar* | Bürgerliches Recht für Volkswirte, 1979 (2. Aufl. 1992/93 in Vorbereitung) |
| *Diederichsen,* Uwe | Die BGB-Klausur, 7. Aufl., 1988 |
| *ders.** | Die Zwischenprüfung im Bürgerlichen Recht, 2. Aufl. 1990 |
| *Fikentscher,* Wolfgang | Das Schuldrecht, 8. Aufl., 1992 |
| *Honsell,* Heinrich | Methode und Technik der Fallbearbeitung im Privatrecht, in: AJP 1992, 545 ff. |
| *Horn* | Sprachfehler, Formfehler, Denkfehler, in: Jura 1984, 499 ff. |
| *Jauernig/Schlechtriem/Stürner/Teichmann/Vollkommer* | Bürgerliches Gesetzbuch, Kommentar, 6. Aufl., 1991 |
| *Kirchner,* Hildebert | Abkürzungsverzeichnis der Rechtssprache, 3. Aufl., 1983 |

| | |
|---|---|
| *Larenz,* Karl | Allgemeiner Teil des deutschen Bürgerlichen Rechts, 7. Aufl., 1989 |
| *ders.* | Lehrbuch des Schuldrechts, Bd. I, Allg. Teil, 14. Aufl., 1987 |
| *Löwisch,* Manfred | Der Allgemeine Teil des BGB, 5. Aufl., 1991 |
| *ders.* | Schuldrecht – Allgemeiner Teil, 2. Aufl., 1982 |
| *Medicus,* Dieter | Schuldrecht I, Allgemeiner Teil, 6. Aufl., 1992 |
| *Musielak,* Hans-Joachim | Grundkurs BGB, 3. Aufl., 1992 |
| *Palandt* u. a. | Bürgerliches Gesetzbuch, Kommentar, 51. Aufl., 1992 |
| *Peters,* Frank* | BGB – Allgemeiner Teil, 1991 |
| *Rips,* Franz Georg* | Typische Fehlerquellen bei Klausuren und Hausarbeiten, in: JuS 1979, 42 ff. |
| *Rüthers,* Bernd | Allgemeiner Teil des BGB, 8. Aufl., 1991 |
| *Schmelzeisen,* Gustaf Klemens* | Übungen im bürgerlichen Recht für Anfänger und Studenten der Wirtschaftswissenschaft, 4., neubearb. Aufl. (von Hans-Wolf *Thümmel*), 1981 |
| *Schmitz,* Günther* | Grundfälle zum Recht der Leistungsstörungen, 2. Teil: Die Unmöglichkeit, in: JuS 1973, 297 ff. (immer noch sehr empfehlenswert auch die Teile 1, 3, 4 und Schluß, in: JuS 1973, 161, 430, 567 u. 703 ff.) |
| *Werner,* Olaf* | Fälle und Lösungen für Anfänger im Bürgerlichen Recht, 7. Aufl., 1990 |
| *Westermann,* Harry / *Westermann,* Harm Peter* | Grundbegriffe des BGB, Eine Einführung an Hand von Fällen, Völlig überarbeitete und erweiterte 13. Aufl., 1991 |

*Wörlen*, Rainer* Grundzüge des Privatrechts – Bd. I: Einführung in das Recht und Allgemeiner Teil des BGB –, 2. Aufl., 1991 (zit.: Bd. I)

*ders.** Grundzüge des Privatrechts – Bd. II: Allgemeines und Besonderes Schuldrecht, 1991 (zit.: Bd. II)

Die für den Anfänger besonders geeigneten, weniger »schwierigen« Werke wurden mit einem * versehen. Im übrigen wurden – ohne daß sie immer im Text erscheinen – Werke angegeben, die schon etwas höhere Ansprüche setzen, als man sie an Erst- und Zweitsemester stellen kann. Dies gilt natürlich in besonderem Maße für die beiden »kurzen« Standard-Kommentare von *Jauernig* und *Palandt.* Beide enthalten aber (sieht man bei letzterem einmal von den bisweilen eigenwilligen Sprachkürzungen ab) in manchen Passagen so stringente und verständliche Ausführungen, daß man sie zur Vertiefung des Stoffes durchaus als Anfänger schon einmal lesen kann. Das gleiche gilt für die »Standardwerke«, insbesondere von *Larenz, Fikentscher* und *Medicus.*

*Die am Ende meiner jeweiligen methodischen Hinweise »zur Vertiefung« angegebene Literatur hat den Sinn, dieses Buch um das zu ergänzen, was (vgl. Vorwort) nicht sein eigentliches Ziel ist: die Vermittlung umfassenden materiellrechtlichen Wissens, die »Stoffvermittlung« also!* Wer die »zur Vertiefung« angegebenen Literaturpassagen tatsächlich – »alternativ« – gelesen und das vorliegende Buch sorgfältig durchgearbeitet hat, sollte in der Lage sein, eine der zahlreichen umfassenderen Übungsanleitungen, die der Markt bereithält, gewinnbringend zu studieren und anschließend die entsprechende Übung erfolgreich zu absolvieren.

# Fall 1 Recht der Willenserklärungen

Der Gast G hat im Lokal ein Glas Wein bestellt und trinkt davon, während er sich in die Lektüre eines Buches von einem Autor namens Larenz vertieft. Nachdem er das Glas geleert hat, stellt ihm der Wirt W wortlos ein zweites Glas Wein hin, was G, gefesselt von seiner Lektüre, nicht bemerkt. Auch dieses Glas leert G, ohne von seinem spannenden Buch abzulassen.

Als G seine Zeche bezahlen will und W den Preis für zwei Glas Wein verlangt, meint G, nach dem, was er soeben im »Larenz« gelesen habe, brauche er nur ein Glas zu bezahlen, denn das zweite Glas habe er nicht bestellt (nach *Westermann*, S. 39).

Wer hat recht?

(Bearbeitungszeit: 1 Std.*)

* 1 Std. = 60 Minuten!

## A. Allgemeine Vorüberlegungen

### I. Erfassen des Sachverhaltes

Was ist hier *tatsächlich* geschehen? Diese Frage muß eindeutig beantwortet sein, bevor die *rechtliche* Würdigung des Geschehens erfolgen kann. Manchmal ist es dabei hilfreich, eine grafische Skizze anzufertigen. Dies insbesondere, wenn der Sachverhalt umfangreich und schwierig ist, was z. B. oft der Fall ist, wenn mehr als zwei Personen am Geschehen beteiligt sind. Bei relativ einfachen Sachverhalten – wie dem hier vorliegenden – ist eine solche Skizze nicht nötig. Den Sachverhalt sollte man aber immer mindestens *zweimal konzentriert durchlesen,* selbst wenn er noch so »einfach« erscheinen mag. Lassen Sie beim *ersten* Lesen den Gesetzestext unberührt liegen! Sie können nach dem Lesen des ersten Satzes des Sachverhaltes noch nicht wissen, wonach am Ende (in der Fallfrage!) gefragt ist!

### II. Fallfrage

Die sogenannte Fallfrage bildet die Brücke zum Einstieg in die eigentliche Fallbearbeitung.

1. *Möglichkeiten*

a) Konkrete (z. B. »Kann A von B den *Kaufpreis* verlangen?«) und
b) abstrakte Fallfragen (z. B. »Welche Ansprüche hat A gegen B?« oder »Wie ist die Rechtslage?«)

Diese abstrakten Fallfragen sind noch konkretisierungsbedürftig und ggf. in mehrere konkrete Einzelfragen aufzuschlüsseln, z. B.: »Hat A gegen B einen Anspruch auf Kaufpreiszahlung?« – ». . . auf Schadensersatz?« – ». . . auf Herausgabe der Sache?« . . .).

Liegen mehrere konkrete Fragen vor, ist bei ihrer Beantwortung möglichst die vorgegebene Reihenfolge einzuhalten; ergeben sich nach Konkretisierung einer abstrakten Frage mehrere konkrete Fragen, so sollten diese in logischer Reihenfolge bearbeitet werden. Setzt also beispielsweise ein Anspruch einen anderen voraus, ist letzterer zuerst zu prüfen.

2. *Anspruch*

Im Bürgerlichen Recht ist regelmäßig nach »Ansprüchen« (die Legaldefinition, d. h. die vom Gesetz selbst gegebene Begriffsdefini-

* Sofern die zitierten Paragraphen (= §§) im folgenden nicht anders bezeichnet sind, handelt es sich immer um solche des BGB!

tion findet sich in § 194 BGB*) gefragt; der Anspruchsteller will (verlangt) dabei vom Anspruchsgegner ein Tun oder ein Unterlassen, z. B. Zahlung des Kaufpreises, Übereignung oder Herausgabe einer Sache ...

Nach dem Erfassen des Sachverhaltes und der Qualifizierung der gestellten Fallfrage hat der Bearbeiter einer Klausur in seinen Vorüberlegungen daher zunächst den *Anspruchsteller*, den *Anspruchsgegner* sowie das *Anspruchsbegehren* zu ermitteln. Vom Anspruchsteller wird in der Regel eine Begründung für sein Begehren vorgetragen. Der Bearbeiter eines Falles muß sich deshalb auch fragen, warum der Anspruchsteller den Anspruch geltend macht (= »*Wer* will *von wem was, warum?*«). Die eigentliche juristische Arbeit beginnt nun mit der Suche nach der

## III. Anspruchsgrundlage

Das Anspruchsbegehren enthält regelmäßig eine bestimmte Rechtsfolge, die erstrebt wird. Diese Rechtsfolge (z. B. Kaufpreiszahlung) als Bestandteil der Anspruchsgrundlage, die im Gesetz (BGB) durch eine entsprechende Formulierung in einem Paragraphen enthalten ist, ist Anknüpfungspunkt bei der Suche nach der Anspruchsgrundlage. Neben der Rechtsfolge enthält die Anspruchsgrundlage regelmäßig den abstrakt umschriebenen Lebenssachverhalt, aus dem sich der geltend gemachte Anspruch ergeben kann (z. B. Kaufvertragsschluß). Die Anspruchsgrundlage besagt schließlich, *woraus* (= aus welcher gesetzlichen Vorschrift = Paragraph) der Anspruchsteller sein Begehren herleiten kann.

Dem Einstieg in die juristische Fallösung sollte somit in den Vorüberlegungen grundsätzlich die Frage vorausgehen:

»*Wer* will *von wem was, warum, woraus?*«

(vgl. dazu *Pieper*, JA-Übungsblätter 1978, S. 145).

Diese allgemeinen Vorüberlegungen werden in den folgenden Fallösungen nicht mehr ausführlich dargestellt, sondern es wird darauf in den »Methodischen Hinweisen« (= linke Seiten) gelegentlich Bezug genommen.

Nun sollten Sie den Sachverhalt von Fall 1 nochmals lesen und sodann – bevor Sie sich den besonderen Vorüberlegungen in den »Methodischen Hinweisen« und der »Ausarbeitung (Gutachten)« zuwenden – eine eigene Lösung des Falles versuchen!

## B. Besondere Vorüberlegungen

*(gehören auf keinen Fall in die Ausarbeitung!)*

1. *Einstieg: »Wer* will *von wem was, warum, woraus?«*

Auf den Fall übertragen heißt das: W will von G noch Bezahlung des zweiten Glases Wein, weil er der Meinung ist, daß G dieses von ihm gekauft habe. Die Rechtsfolge »Kaufpreiszahlung« ist in § 433 Abs. 2 geregelt, welcher – es ist von »Käufer« und »Verkäufer« die Rede – den von W vorgetragenen Abschluß eines Kaufvertrages voraussetzt.

2. Diese Vorschrift ist *Anspruchsgrundlage* für das Begehren des W und deshalb als hypothetisch formuliertes Ergebnis der Fallösung voranzustellen *(vgl. Ausarbeitung 1).*

3. Darlegen, welche Voraussetzungen der Anspruch hat. Hier: Wirksamer Kaufvertrag *(vgl. Ausarbeitung +).*

a) Im einzelnen prüfen, ob Voraussetzung vorliegt, d. h. hier: Ist tatsächlich ein Kaufvertrag zustande gekommen? Prüfung erfolgt durch schrittweise »Subsumtion« (Ein- bzw. Unterordnung) der tatsächlichen Geschehensabläufe unter rechtliche Begriffe bzw. unter das Gesetz; also: Angebot des W? *(vgl. Ausarbeitung a).*

b) Da Angebot vorliegt, prüfen, ob Annahme durch G *(vgl. Ausarbeitung b).*

1. W könnte gegen G einen Anspruch auf Bezahlung des zweiten Glases Wein aus § 433 Abs. 2 BGB* haben.

(+) Voraussetzung ist, daß zwischen G und W über dieses Glas Wein ein wirksamer Kaufvertrag geschlossen wurde.

a) Dann müßte W dem G ein entsprechendes Angebot gemacht und G dieses angenommen haben. Bei einem Vertragsangebot handelt es sich um eine Willenserklärung, die dadurch erfolgt, daß der Erklärende dem Empfänger seinen Willen erkennbar kundgibt. Dazu ist es nicht erforderlich, daß der Erklärende seinen Willen ausdrücklich (etwa durch Schreiben oder Sprechen) formuliert; vielmehr genügt es, wenn er seinen Willen durch sog. schlüssiges (konkludentes) Verhalten zu erkennen gibt. Konkludent ist ein Verhalten, wenn es nach der Verkehrsanschauung typischerweise auf einen bestimmten Willen schließen läßt. Eine konkludente Willenserklärung auf seiten des W liegt mit dem Servieren des Weines vor, da ein Wirt damit i. d. R. kundgibt, daß er den Wein auch verkaufen will. W hat dem G somit ein wirksames Angebot (zum Abschluß eines Kaufvertrages) gemacht.

b) Fraglich ist aber, ob G dieses Angebot angenommen hat. Auch die Annahme kann konkludent erfolgen. Nach der Verkehrsanschauung kann das Austrinken eines vom Wirt servierten Glases Wein grundsätzlich vernünftigerweise nur so gedeutet werden, daß der Gast das Angebot des Wirtes angenommen hat.

Auch eine konkludente Willenserklärung, wie sie die Annahme durch das Austrinken darstellen könnte, setzt voraus, daß der Erklärende überhaupt das Bewußtsein hat, eine rechtserhebliche Erklärung abzugeben. Dieses Erklärungsbewußtsein – wie auch Geschäftswillen – hatte G im vorliegenden Fall gerade nicht: Er war der Meinung, er trinke nur das von ihm bestellte erste Glas Wein. Bezüglich des zweiten Glases Wein lag somit überhaupt keine Willenserklärung des G vor, so daß sein Verhalten nicht als konkludente Annahme verstanden werden kann.

* Nochmals: Sofern die zitierten Paragraphen (= §§) im folgenden nicht anders bezeichnet sind, handelt es sich immer um solche des BGB!

c) Liegen die Voraussetzungen für den Anspruch nicht vor (hier fehlt es an der Annahme, also kein Kaufvertrag), ist die Prüfung abzubrechen und das Ergebnis *(vgl. Ausarbeitung 2)* festzuhalten.

Die Klausur ist nun entweder gelöst oder ...

4. Andere Anspruchsgrundlagen prüfen, falls solche in Betracht kommen ... – Zu denken ist hier grundsätzlich noch an einen Anspruch des W aus ungerechtfertigter Bereicherung gem. § 812 Abs. 1 S. 1 1. Alt. Dieser Anspruch war hier aber nicht zu prüfen, da die konkretisierte Fallfrage lautete: »Kann W die Bezahlung (= den Kaufpreis) für das zweite Glas Wein verlangen?« Nicht etwa war gefragt: »Welche Ansprüche hat W gegen G?« – Wenn man für die Abgabe einer Willenserklärung kein Erklärungsbewußtsein verlangt (neuerdings h. M.: vgl. BGH NJW 1984, 2279 mit Anm. *Canaris*), läge eine Willenserklärung von G vor, die G gem. § 119 Abs. 1 1. Alt. anfechten könnte.

Zu prüfen wäre dann noch ein Anspruch des W aus § 122 Abs. 1, wobei Abs. 2 dieser Vorschrift nicht übersehen werden darf!

Teilweise wird auch vertreten, daß bei fehlendem Erklärungsbewußtsein zwar keine Willenserklärung vorliege, § 122 aber aus dem Gesichtspunkt der sog. Vertrauenshaftung analog anzuwenden sei ... (wird hier aus Vereinfachungsgründen nicht weiter ausgeführt).

*Zur Vertiefung*

| | |
|---|---|
| *Alpmann* u. *Schmidt* | BGB AT 1; S. 6–31 |
| *Brehm*, W. | Allg. Teil des BGB; § 6 |
| *Brox*, H. | Allgemeiner Teil des Bürgerlichen Gesetzbuchs; Rdnr. 80–93 |
| *Larenz*, K. | Allgemeiner Teil des deutschen Bürgerlichen Rechts; §§ 19, 21 II |
| *Löwisch*, M. | Der Allgemeine Teil des BGB; §§ 7, 10 |
| *Rüthers*, B. | Allg. Teil des BGB; § 18 |
| *Westermann*, H. u. H. P. | Grundbegriffe des BGB; S. 39–51 |
| *Wörlen*, R. | Bd. I; S. 71–96 |

Mangels der Annahme des Angebotes von W durch G kam bezüglich des zweiten Glases Wein kein Kaufvertrag zustande.

2. W hat daher keinen Anspruch gegen G auf Bezahlung des zweiten Glases Wein aus § 433 Abs. 2.

# Fall 2–4 Vertragsrecht; Angebot und Annahme

*Fall 2*

K sieht auf dem Gelände des Gebrauchtwagenhändlers V einen 78er VW-»Käfer« ausgestellt, der mit »DM 300,–« ausgezeichnet ist, was K ungeheuer günstig erscheint. Er geht sofort zu V und sagt, er wolle den Wagen zum angegebenen Preis kaufen.

V ist erstaunt und erklärt, es handele sich um einen Schreibfehler. Der Wagen koste in Wirklichkeit 3000,– DM. K bietet daraufhin 2500,– DM; V will jedoch nur für 2800,– DM verkaufen, was K sich aber erst überlegen will. Zwei Tage später ruft er V an und erklärt, er sei mit 2800,– DM einverstanden. V erwidert jedoch, er habe es sich anders überlegt und verlange wieder 3000,– DM.

K ist empört und verlangt den »Käfer« für 2800,– DM.

Zu Recht?

*Fall 3*

Eines Morgens findet K ein Buch eines ihm bekannten Verlages in der Post; im beigefügten Schreiben heißt es: »Anbei erhalten Sie unser neues Nachschlagewerk zu 85,– DM, das Sie begeistern wird. Bitte senden Sie uns dieses Buch – Porto zu unseren Lasten – binnen 14 Tagen zurück. Andernfalls dürfen wir gem. § 2 Abs. 2 unserer Allgemeinen Verkaufs- und Lieferbedingungen davon ausgehen, daß Sie das Buch behalten wollen.« K vergißt das Buch bald völlig und erhält nach drei Wochen eine Rechnung. Muß K die Rechnung bezahlen?

*Abwandlung:*

Wie wäre der Fall zu entscheiden, wenn K das Buch zwar nicht gefiele, er es aber trotzdem alsbald in seine Bibliothek eingeordnet hätte?

*Fall 4*

K kommt in letzter Minute zum Bahnhof und steigt ohne Fahrkarte ein, die er nachlösen will. Als der Schaffner kommt und den Fahrpreis von 25,– DM nennt, hält K das für viel zu teuer und bietet 15,– DM an. Der Schaffner erwidert, man sei hier schließlich nicht »im Orient«. Hier werde nicht gehandelt, sondern gezahlt. K hüllt sich in beleidigtes Schweigen.

Am nächsten Bahnhof erscheint die Bahnpolizei im Zug und verlangt Bezahlung.

Zu Recht?

(Bearbeitungszeit: 3 Std.)

## I. Fall 2

### Besondere Vorüberlegungen

*(gehören nicht in die Klausur-Ausarbeitung)*

1. Auffinden der Anspruchsgrundlage

Ausgangsfrage: »*Wer* will *von wem was, warum, woraus?*«

Diese allgemeine, grundsätzlich bei jeder zivilrechtlichen Klausurlösung zu berücksichtigende Frage ist unter Heranziehung der konkreten Fallfrage auf den jeweiligen Sachverhalt zu übertragen und zu beantworten. Die Fallfrage lautet hier: »Verlangt K den VW-Käfer (für 2800,– DM) zu Recht?« Gefragt ist also nach einem *Anspruch* (vgl. die Legaldefinition in § 194) des K gegen V, nicht etwa nach einem Anspruch des V gegen K.

Die allgemeine Ausgangsfrage in Verbindung mit der Fallfrage ergibt somit: K (»wer«) will von V (»von wem«) Übergabe des Autos und Verschaffung des Eigentums daran (»was«), weil er glaubt, daß zwischen ihm und V ein Kaufvertrag zustande gekommen ist (»warum«), aus dem V dazu verpflichtet sei. Die Rechtsfolge, auf die das Begehren des K gerichtet ist, ist in § 433 Abs. 1 S. 1 (»woraus« kann der Anspruch hergeleitet werden?) geregelt.

Diese Vorschrift, deren Auffinden im vorliegenden Fall aber kein Problem bilden durfte, ist *Anspruchsgrundlage* und deshalb – als hypothetisches Ergebnis formuliert – der Ausarbeitung voranzustellen *(vgl. Ausarbeitung I 1).*

2. Prüfung der Voraussetzungen der Anspruchsgrundlage *(vgl. Ausarbeitung I 2)*

a) Voraussetzung für einen Anspruch aus § 433 (Abs. 1 oder Abs. 2) ist der Abschluß eines wirksamen Kaufvertrages, der, wie jeder gültige Vertragsschluß, zwei sich dekkende (kongruente) Willenserklärungen (WEen), Angebot und Annahme, voraussetzt. Dies darf in einer Klausur aber nur ausführlich behandelt werden, wenn zweifelhaft ist, ob eine dieser WEen vorliegt oder nicht. Heißt es im Sachverhalt z. B. »K *kauft* von V« und läßt die Formulierung des Sachverhalts keinen Zweifel daran, daß dieser Kaufvertrag wirksam zustande gekommen ist, wäre es überflüssige Zeitverschwendung und deshalb »falsch«, längere Ausführungen darüber zu machen, daß ein Kaufvertrag nur zustande kommt, wenn Angebot und Annahme wirksam sind usw. Daß der Anfänger dies nach kurzer Zeit des Studiums weiß, setzt der Korrektor einer solchen Klausur voraus. Die Probleme der Arbeit liegen in einem derartigen Fall sicher an anderer Stelle.

b) Im vorliegenden Fall jedoch deutet der Sachverhalt, in dem immer wieder neue Kaufpreise genannt werden, klar darauf hin, daß Zweifel bestehen, worin das Angebot und worin dessen Annahme zu sehen ist. Hier also war es erforderlich zu klären, *welche* WEen des K und des V die Anforderungen erfüllen, die an einen wirksamen Vertragsschluß zu stellen sind.

Dabei war Schritt für Schritt jede Äußerung eines der Beteiligten zu überprüfen *(vgl. Ausarbeitung I 2. a)–d) = lesen! Danach den erläuternden Hinweis unten auf S. 12 lesen!)*

## I. Fall 2

1. K könnte gegen V einen Anspruch auf Übergabe des VW-Käfers zum Preis von 2800,– DM gem. § 433 Abs. 1 S. 1 haben.

2. Voraussetzung für diesen Anspruch ist, daß zwischen K und V ein wirksamer Kaufvertrag geschlossen wurde.

a) Dann müßte einer der Vertragspartner dem anderen ein verbindliches Angebot gemacht haben, das dieser angenommen hat (arg. aus §§ 145 ff.).

aa) Ein Angebot des V könnte in der auf dem Preisschild enthaltenen Auszeichnung des Autos zu 300,– DM zu sehen sein. Dies wäre der Fall, wenn die Preisauszeichnung inhaltlich so gefaßt ist, daß durch einfache Annahmeerklärung ein Vertrag zustande kommen kann, und wenn sich daraus ergibt, daß sich der Anbietende damit rechtlich binden will. Dies ist aber bei Preisauszeichnungen regelmäßig nicht der Fall. Vielmehr soll dadurch lediglich mitgeteilt werden, daß derjenige, der Waren auszeichnet, bereit ist, mit Interessenten einen Vertrag zu schließen. Hierin ist lediglich eine Aufforderung an Interessenten zu sehen, ihrerseits ein Angebot zu machen (sog. »invitatio ad offerendum«).

Dies ergibt sich im Rahmen der Auslegung (§ 133) aus einer vernünftigen Interessenabwägung, was insbesondere dadurch deutlich wird, daß sich eine preisliche Warenauszeichnung an eine Vielzahl noch nicht bekannter Personen richtet.

bb) Das Angebot i. S. d. §§ 145 ff. lag hingegen in der Erklärung des K, er wolle den Wagen für 300,– DM kaufen.

cc) Diesem Angebot des K steht jedoch keine Annahme des V gegenüber, da er einen Verkauf des Autos zu 300,– DM abgelehnt hatte.

dd) Somit ist ein Kaufvertrag mit einem Kaufpreis von 300,– DM nicht zustande gekommen.

b) Ein Wille, sich rechtlich zu binden, ergibt sich indessen aus der Erklärung des V, der Wagen koste in Wirklichkeit 3000,– DM. Hierin liegt also ein Angebot des V.

Um die Prüfung zu *Ausarbeitung I 2 a)–d)* vornehmen zu können, war es vor allem notwendig, die allgemeinen Vorschriften zum Zustandekommen eines Vertrages, die §§ 145 ff., zu kennen, in denen allerdings eine Definition von »Angebot« (= Antrag) und »Annahme« nicht zu finden ist. Diese Begriffe, die die §§ 145 ff. voraussetzen, muß der Anfänger jedoch nach kurzer Zeit ebenso kennen, wie z. B. das Institut der »invitatio ad offerendum«.

Dies vorausgesetzt, lagen die »Probleme« des Falles lediglich darin, die einzelnen Erklärungen von K und V sauber zu trennen und – in chronologischer Reihenfolge betrachtet – den entsprechenden Vorschriften der §§ 145 ff. unterzuordnen = zu *subsumieren.*

Nicht häufig genug kann in diesem Zusammenhang der Rat wiederholt werden, beim Suchen einer auf die Geschehnisse des Falles passenden Vorschrift auch die der gefundenen Vorschrift folgenden (bzw. vorhergehenden) *Vorschriften desselben »Titels« im Gesetz zu lesen,* zumindest aber die Überschriften der zusammenhängenden Vorschriften zu überfliegen! Dies war im vorliegenden Fall besonders wichtig, da sich alle hier ergebenden Fragen nach der Gültigkeit von Angebot(en) oder Annahme(n) ohne große Wissensanforderungen nur mit dem Gesetz beantworten ließen.

3. Nach systematischer Analyse der verschiedenen Erklärungen von K und V konnte man so nur zu dem Ergebnis kommen, daß zwar ein Angebot des K vorlag, dessen Annahme V jedoch ablehnte. Daß diese Ablehnung durch V wiederum über § 150 Abs. 2 zu bewerten ist, mit der Folge, daß sich zwei verschiedene Angebote (2800,– DM von K, 3000,– DM von V) gegenüberstehen, brauchte nicht mehr ausgeführt zu werden; denn am Ergebnis, daß zwei sich deckende WEen nicht vorliegen, ändert das nichts mehr.

Dieses Ergebnis war daher im Anschluß an den Gliederungspunkt I 2 d) der Ausarbeitung abschließend festzuhalten *(vgl. Ausarbeitung I 3).*

aa) Indem A 2500,– DM für den Wagen bietet, äußert er zwar seinen Kaufwillen, doch ist darin nicht etwa eine »einschränkende Annahme« von V's Angebot zu sehen. Vielmehr ist das gem. § 150 Abs. 2 die Ablehnung dieses Angebots, verbunden mit einem neuen Angebot (»Kauf zu 2500,– DM«) des K.

bb) Für dieses Angebot von K fehlt es wiederum an der Annahme durch V. Indem er äußert, er wolle nur für 2800,– DM verkaufen, lehnt V abermals das Angebot von K ab und macht selbst ein neues Angebot (§ 150 Abs. 2), welches von K, der sich das »erst überlegen« will, zunächst nicht angenommen wird.

c) Eine Annahme durch K könnte aber zwei Tage später telefonisch erfolgt sein.

aa) Dann müßte das Angebot des V zu diesem Zeitpunkt noch bestanden haben. Dies ist der Fall, wenn die telefonische Einverständniserklärung des K noch rechtzeitig abgegeben wurde. Andernfalls ist das Angebot des V bereits erloschen (§ 146).

bb) Wann eine Erklärung noch als rechtzeitige Annahme anzusehen ist, bestimmt sich gem. § 146 nach den §§ 147–149. Da es sich bei der Äußerung des K weder um eine zugesandte Erklärung (§ 149) handelte, noch eine Annahmefrist (§ 148) vereinbart war, ist die Rechtzeitigkeit nach § 147 Abs. 1 zu beurteilen, da das Angebot des V unter Anwesenden geäußert worden ist.

cc) Gem. § 147 Abs. 1 konnte K das Angebot nur »sofort« annehmen. Eine Annahme zwei Tage später kann nicht mehr als rechtzeitig angesehen werden; der Antrag (das Angebot) des V ist gem. § 146 erloschen.

d) Indem K sich zwei Tage später telefonisch mit 2800,– DM einverstanden erklärt, hat er dem V gem. § 150 Abs. 1 ein neues Angebot gemacht. Dieses hat V, der nun doch nur für 3000,– DM verkaufen will, abgelehnt.

3. *Ergebnis:*
Mangels einer wirksamen Annahme des Angebots des K durch V fehlt es an zwei sich deckenden Willenserklärungen, d. h., zwischen K und V ist kein Kaufvertrag zustande gekommen. K hat keinen Anspruch gegen V aus § 433 Abs. 1.

## II. Fall 3 – Ausgangsfall

1. Die *Vorüberlegungen* ergeben über die allgemeine Ausgangsfrage *(»wer* will *von wem was, warum, woraus?«)* in Verbindung mit der Fallfrage, daß der Verlag (V) von K Bezahlung eines Buches verlangt. Gefragt ist also nach einem Anspruch V gegen K. Die von V begehrte Rechtsfolge enthält § 433 Abs. 2, der als *Anspruchsgrundlage* – als hypothetisches Ergebnis formuliert – der *Ausarbeitung (vgl. dort II 1) voranzustellen* ist.

2. Prüfung der Voraussetzungen *(Ausarbeitung II 2)*

Auch hier geht aus dem Sachverhalt hervor, daß nicht sofort eindeutig erkennbar ist, worin Annahme und Angebot, die zum wirksamen Zustandekommen eines Kaufvertrages (= Voraussetzung für Anspruch aus § 433 Abs. 2) führen, zu sehen sind, bzw. ob diese WEen überhaupt vorliegen.

*a) Zu Ausarbeitung II 2 a:*

Es war zwar nicht unbedingt erforderlich, die »invitatio ad offerendum« zu erwähnen, doch zeigt ein kurzer Hinweis hierauf, daß man das Abgrenzungskriterium dieses Instituts zum echten Angebot kennt. Wenn hier allerdings eine »invitatio« statt eines Angebots angenommen wurde, so beweist dies, daß der Bearbeiter entweder den Sachverhalt nicht richtig gelesen hat oder das Institut der »invitatio ad offerendum« nicht verstanden hat: Diese Aufforderung zu einem Angebot ist entweder (gegenüber einer Einzelperson) als solche formuliert (K sagt z. B. zu V: »Ich bin am Kauf interessiert. Machen Sie mir ein Angebot.«) oder richet sich als scheinbares Angebot an eine unbestimmte Vielzahl von Personen (z. B. Preisauszeichnungen im Schaufenster oder in Werbeprospekten).

*b) Zu Ausarbeitung II 2 b:*

*Merke nochmals:*
Annahme ist WE. WE setzt irgendeine Art von Willensäußerung voraus. Nichtstun – wie bloßes Schweigen – kann, anders als konkludentes Handeln, grundsätzlich niemals Willensbetätigung sein. – Ausnahmen: vgl. die in der Ausarbeitung genannten gesetzlichen Vorschriften, *die in einer Klausur nicht erwähnt werden mußten ...*

*c) Zu Ausarbeitung II 2 c:*

Die Kenntnis des AGB-Gesetzes kann im ersten Semester i. d. R. nicht vorausgesetzt werden. Als Anfängerklausur war dieser Fall daher bereits mit 2 b gelöst. – Das Ergebnis *(Ausarbeitung II 3)* bleibt gleich: Keine Annahme, kein Vertrag, kein Anspruch aus § 433 Abs. 2.

Die Lösung wurde an dieser Stelle aus Übungsgründen vervollständigt, um den Bearbeitern zu zeigen, daß die Privatautonomie den Parteien grundsätzlich nur (einvernehmlich) *Vereinbarungen,* nicht aber einseitige »Anordnungen« gestattet, die sich über das geltende Recht (hier: Schweigen = *keine* Annahme) hinwegsetzen.

## II. Fall 3 – Ausgangsfall

1. Der Verlag (V) könnte gegen K einen Anspruch auf Bezahlung des Buches gem. § 433 Abs. 2 haben.

2. Voraussetzung für diesen Anspruch ist ein wirksamer Kaufvertrag zwischen K und V, d. h., es müßten zwei sich deckende Willenserklärungen, Angebot und Annahme, vorliegen, die auf den Abschluß eines Kaufvertrages gerichtet sind.

a) Ein Angebot könnte in der Zusendung des Buches durch V unter Nennung des Kaufpreises liegen. Dies ist der Fall, da V nicht etwa nur eine »invitatio ad offerendum« äußert, sondern ein konkretes Einzelstück zu einem festen Preis einer bestimmten Person anbietet und seinen Rechtsbindungswillen durch Hinweis auf § 2 Abs. 2 seiner Allgemeinen Verkaufs- und Lieferbedingungen kundtut.

b) Fraglich ist, ob K dieses Angebot angenommen hat. Eine Annahme kann, wie jede Willenserklärung, ausdrücklich oder konkludent erfolgen.

Eine ausdrückliche Erklärung des K liegt nicht vor. Die Annahme ist auch nicht konkludent erfolgt, da K in keiner Weise einen Annahmewillen geäußert hat; vielmehr hat K einfach geschwiegen.

Schweigen ist aber grundsätzlich (Ausnahmen sind zumeist ausdrücklich gesetzlich geregelt – vgl. z. B. § 362 Abs. 1 HGB; §§ 108 Abs. 2 S. 2, 177 Abs. 2 S. 2, 568 S. 1*) keine Willenserklärung i. S. d. Gesetzes. Somit lag keine Annahme durch K vor.

c) Zu prüfen ist noch, ob sich aus § 2 Abs. 2 der Verkaufs- und Lieferbedingungen des V eine Annahme durch A ergeben kann. Die Wirksamkeit solcher »Allgemeinen Geschäftsbedingungen« (= AGB) richtet sich nach dem AGB-Gesetz (vom 9. Dezember 1976*). Gem. § 2 AGBG können Allgemeine Geschäftsbedingungen nur Rechtswirksamkeit entfalten, d. h. Vertragsbestandteil werden, wenn sie vereinbart worden sind. Dies ist hier nicht der Fall. Es bleibt dabei, daß in dem Schweigen des K keine Annahme zu sehen ist.

---

* Klammereinschub nur zur *Information* – in Klausur-Ausarbeitung überflüssig!

## III. Fall 3 – Abwandlung

1. *Zu Ausarbeitung III 1–3:*

Hier mußte erkannt werden, daß K durch das Einordnen des Buches in die Bibliothek nach objektiver Betrachtungsweise konkludent seine Annahme erklärt hatte. Es lag nicht nur bloßes Schweigen vor. Darauf, daß die Verkaufs- und Lieferungsbedingungen nicht zum Vertragsbestandteil geworden sind, war nicht einzugehen: Wenn – wie hier in § 2 Abs. 2 – in einer Vorschrift von Allgemeinen Geschäftsbedingungen lediglich etwas wiederholt wird, was im Gesetz bereits geregelt ist, hat das in den Allgemeinen Geschäftsbedingungen Geäußerte selbstverständlich Gültigkeit.

## IV. Fall 4

1. *Zu Ausarbeitung VI 1:*

Hier konnte von einem Anfänger nicht unbedingt die Kenntnis verlangt werden, daß es sich bei einem sog. Beförderungsvertrag um einen Werkvertrag i. S. von § 631 handelt. Wenn daher jemand als *Anspruchsgrundlage* § 433 Abs. 2 (Kauf und Bezahlung der Fahrkarte) nannte, ansonsten aber die richtige Lösung verfolgte, war dies nicht als Fehler zu bewerten. Entscheidend war zu erkennen, daß überhaupt *ein vertraglicher Erfüllungsanspruch* in Betracht kam, für den das wirksame Zustandekommen eines Vertrages Voraussetzung *(Ausarbeitung IV 2)* ist.

3. *Ergebnis:*
K hat das Angebot des V nicht angenommen. Ein wirksamer Kaufvertrag ist nicht zustande gekommen. V hat gegen K keinen Anspruch aus § 433 Abs. 2.

## III. Fall 3 – Abwandlung

1. Bezüglich der Anspruchsgrundlage (§ 433 Abs. 2) und ihrer Voraussetzungen gelten die Ausführungen zum Ausgangsfall 3 unter II 1, 2 a entsprechend.

2. Fraglich ist, ob K das Angebot des V durch das Einordnen des Buches in seine Bibliothek angenommen hat. Dies ist zu bejahen, da K dadurch konkludent einen Willen geäußert hat, das Buch behalten zu wollen.

Diese Annahme, die hier unter Abwesenden erfolgt ist, wird wie jede Willenserklärung unter Abwesenden gem. § 130 Abs. 1 grundsätzlich nur wirksam, wenn sie dem Erklärungsgegner zugegangen ist. Eine Ausnahme davon sieht jedoch § 151 S. 1 vor. Danach kommt ein Vertrag zustande, wenn der Antragende auf den Zugang der Annahme verzichtet hat. Dies hat V durch den vorherigen Hinweis auf seine Lieferbedingungen getan.

3. *Ergebnis:*
Zwischen K und V ist ein wirksamer Kaufvertrag zustande gekommen. Der Anspruch des V gegen K auf Bezahlung des Buches gem. § 433 Abs. 2 ist begründet.

## IV. Fall 4

1. Die Bundesbahn (B) könnte gegen K einen Anspruch auf Bezahlung einer Vergütung für die Beförderung des K gem. § 631 Abs. 1 haben.

2. Voraussetzung dafür ist, daß ein solcher Vertrag zwischen K und B zustande gekommen ist. Dies ist der Fall, wenn B dem K ein diesbezügliches Angebot gemacht hat, das K angenommen hat.

2. *Zu Ausarbeitung IV 2 a:*

Keine Schwierigkeiten sollten sich eigentlich bei der Frage ergeben, worin hier das Angebot zu sehen ist. Dennoch wurde das Anhaltenlassen des Zuges auf dem Bahnhof von manchen Bearbeitern als »invitatio ad offerendum« angesehen. Dieser Gedanke ist zwar nicht gerade abwegig, aber unzutreffend, da ein Rechtsbindungswille der Bahn ersichtlich ist, der bei der »invitatio« fehlt.

3. Dies führt zu der Frage, worin die Annahme durch K lag *(Ausarbeitung IV 2 b).*

Die hier gewählte Lösung stellt darauf ab, daß das Vorliegen einer Annahme möglichst nach dem Gesetz zu beurteilen ist und entspricht der inzwischen herrschenden Meinung (vgl. dazu nur *Palandt,* Einf. zu § 145 Anm. 5 a).

Eine andere Lösungsmöglichkeit (vgl. *Larenz,* AT, § 38 II = früher herrschende Meinung) bietet die Konstruktion des sog. *faktischen Vertragsverhältnisses:* Nach dieser Meinung soll bei typisierten Leistungen des Massenverkehrs und der Daseinsvorsorge durch deren bloße Inanspruchnahme ein Vertrag zustande kommen, ohne daß es auf einen entgegengesetzten Willen oder widersprechende Äußerungen ankommt. Entscheidend ist danach nur das faktische Handeln; der Vertrags*wille* ist dagegen nicht maßgeblich (*Larenz,* a.a.O., hat sich von dieser Auffassung abgewendet und folgt nun der h. M.).

Da beide Meinungen letztlich zu demselben Ergebnis *(Ausarbeitung IV 3)* kommen, sollte man auf den Meinungsstreit in Klausuren, wenn überhaupt, nur sehr kurz eingehen.

4. Hierbei sei allerdings auf Vermeidung eines formalen Fehlers hingewiesen, der nicht nur in Anfängerklausuren häufig vorkommt: *Rechtsprechungs- oder Literaturzitate haben in Klausuren (anders in Hausarbeiten) nichts zu suchen!* Vgl. dazu *Rips,* JuS 1979, 42 (45): »Wer gegen diesen Grundsatz verstößt, setzt sich dem Verdacht aus, sich unerlaubter Hilfsmittel bedient zu haben. Selbst wenn man zufällig eine Fundstelle auswendig kennt, darf der Beleg in der Klausur nicht erfolgen.«

*Zur Vertiefung*

| | |
|---|---|
| *Alpmann* u. *Schmidt* | BGB AT 1; S. 46–77 |
| *Brehm,* W. | Allg. Teil des BGB; § 17 |
| *Brox,* H. | Allgemeiner Teil des Bürgerlichen Gesetzbuches; § 8 |
| *Larenz,* K. | Allgemeiner Teil des deutschen Bürgerlichen Rechts; §§ 27, 28 |
| *Löwisch,* M. | Der Allgemeine Teil des BGB; §§ 7–10 |
| *Palandt* | Bürgerliches Gesetzbuch; Einführung vor § 145, Anm. 1–5 |
| *Peters,* F. | BGB – Allg. Teil, S. 90–106 |
| *Rips,* F. G. | Typische Fehlerquellen bei Klausuren und Hausarbeiten |
| *Rüthers,* B. | Allg. Teil des BGB; § 27 |
| *Wörlen,* R. | Bd. I; S. 89–94 |

a) Das Angebot der B liegt im Anhaltenlassen des Zuges auf dem Bahnhof. Damit gibt sie in rechtlich bindender Weise zu erkennen, daß sie mit den dort wartenden Personen einen Beförderungsvertrag zu feststehenden Preisen abschließen will.

b) Fraglich ist, ob K dieses Angebot, das durch den Schaffner mit Nennung des Fahrpreises von 25,– DM *wiederholt und konkretisiert* wird, angenommen hat. Dagegen scheint zu sprechen, daß K die Zahlung von 25,– DM ablehnt und 15,– DM »anbietet«.

K ist jedoch wissentlich in den Zug eingestiegen und hat dadurch die Leistung der B tatsächlich in Anspruch genommen. Er hat bewußt und gewollt konkludent eine Willenserklärung abgegeben, die, bei objektiver Betrachtungsweise aus der Sicht des Erklärungsempfängers, nur als Annahme dieses Angebots angesehen werden kann.

Die gegenteilige Äußerung des K ist nicht ein erneutes Angebot i. S. d. § 150 Abs. 2, sondern wegen Unvereinbarkeit mit dem tatsächlichen Verhalten des K, in dem die Annahme liegt, rechtlich unbeachtlich (sog. »protestatio facto contraria« – durch tatsächliches Verhalten widerlegter Vorbehalt).

3. *Ergebnis:*
Somit ist ein Vertrag zwischen K und B zu einem Fahrpreis von 25,– DM zustande gekommen. Der Anspruch der B ist begründet; K muß zahlen!

*Raum für eigene Notizen:*

# Fall 5 Form der Rechtsgeschäfte

Karl Kummer (K) will von Viktor Vey (V) ein Grundstück kaufen. Die beiden einigen sich auf einen Preis von 200 000,– DM und schließen einen entsprechenden privatschriftlichen Vertrag. Um Grunderwerbsteuer zu sparen, schließen sie alsdann vor einem Notar (vgl. § 313) zum Schein einen Kaufvertrag über nur 100 000,– DM. K verlangt nun von V die Übereignung des Grundstücks und verweist auf eine Klausel des privatschriftlichen Vertrags, nach der sich keine Partei auf eventuelle Formfehler berufen dürfe.

Zu Recht?

(Bearbeitungszeit: 1 Std.)

## Besondere Vorüberlegungen

*(gehören nicht in die Ausarbeitung)*

1. Die Ausgangsfrage, die sich der Bearbeiter jeder zivilrechtlichen Klausur nach der hier befürworteten Methode zu stellen hat, lautet: »*Wer* will *von wem was, warum, woraus?*«

Auf den vorliegenden Sachverhalt übertragen ergibt die Beantwortung dieser Frage: K (»wer«) will von V (»von wem«) Übereignung des Grundstücks (»was«), weil er meint, daß zwischen ihm und V ein wirksamer Kaufvertrag zustande gekommen ist (»warum«), aus dem V gem. § 433 Abs. 1 S. 1 (»woraus«) zur Übereignung verpflichtet sei. »Übereignung« bedeutet Übergabe und Verschaffung des Eigentums an einer Sache (anstelle der Übergabe, die bei beweglichen Sachen gem. § 929 erfolgt, tritt bei Grundstücken gem. § 873 die Eintragung ins Grundbuch, was aber in der Fallösung nicht ausgeführt werden muß, da es hier nur darum geht, *ob* K einen Anspruch hat, und nicht darum, *wie* er erfüllt wird = »Abstraktionsprinzip« – (siehe dazu unten Fall 13). Die Rechtsfolge »Eigentumsverschaffung« an einer Sache (damit sind bewegliche und unbewegliche Sachen gemeint) enthält § 433 Abs. 1 S. 1 (s. o.). Diese Vorschrift ist *Anspruchsgrundlage,* die das Begehren des K stützen könnte und deshalb – als hypothetisches Ergebnis formuliert – dem Gutachten *voranzustellen* ist *(vgl. Ausarbeitung I).*

2. Prüfung der *Voraussetzungen* der Anspruchsgrundlage:

Für einen Anspruch aus § 433 ist ein wirksamer Kaufvertrag Voraussetzung. Da hier scheinbar *zwei* Kaufverträge über dasselbe Grundstück geschlossen wurden, liegt es nahe, daß zumindest einer davon unwirksam ist. Anspruchsteller ist nach der Fallfrage der Käufer K. Sinnvollerweise beginnt man daher mit der Prüfung des für ihn günstigeren Kaufvertrages, d. h., mit dem notariellen Vertrag, der nur 100 000,– DM als Kaufpreis vorsieht *(Ausarbeitung I 1).*

Die Notwendigkeit der Zuziehung eines Notars bei dem Grundstückskaufvertrag ergibt sich aus § 313, auf den im Sachverhalt eigens hingewiesen wurde. Das »Problem« des Falles konnte deshalb nicht im Auffinden dieser Vorschrift liegen *(vgl. Ausarbeitung I 1 a),* sondern war zunächst bei den zum Schein abgegebenen Erklärungen der Vertragsparteien zu suchen. Deren rechtliche Bedeutung war deshalb herauszustellen *(vgl. Ausarbeitung I 1 b)* und das Ergebnis der Prüfung festzuhalten = Nichtigkeit des Vertrages, die allein aus § 117 Abs. 1 folgt.

3. Nachdem die Nichtigkeit des notariellen Vertrages erkannt ist, ist zu prüfen, ob sich der von K geltend gemachte Anspruch aus dem privatschriftlichen Kaufvertrag ergeben kann. *Anspruchsgrundlage,* die der Prüfung *voranzustellen* ist, ist auch hier wieder § 433 Abs. 1 S. 1 *(vgl. Ausarbeitung II).*

Die Wirksamkeit dieser Vereinbarung würde bedeuten, daß § 313 S. 1 nicht gelten würde. Dies ist nur möglich, wenn § 313 S. 1 abdingbar (dispositiv) ist. Ob dies der Fall ist, kann durch Auslegung ermittelt werden, was für den Anfänger noch schwierig sein wird. Daß § 313 S. 1 *nicht* abdingbar ist, ist in erster Linie eine Wissensfrage, die man aber nach einer guten Einführungsvorlesung, in der regelmäßig der Unterschied zwischen zwingendem und dispositivem Recht behandelt wird, zu Ende des ersten

I. K könnte gegen V einen Anspruch auf Übereignung des Grundstücks gem. § 433 Abs. 1 S. 1 haben.

1. Voraussetzung für diesen Anspruch ist das Zustandekommen eines wirksamen Kaufvertrages. Als solcher könnte zunächst der vor dem Notar geschlossene Vertrag mit einem Kaufpreis von 100 000,– DM in Betracht kommen.

a) Bei Grundstücksveräußerungen verlangt das Gesetz in § 313 S. 1 die besondere Form der notariellen Beurkundung, welche hier eingehalten wurde.

b) Wie jeder Vertrag setzt auch der vor dem Notar geschlossene Kaufvertrag zu seiner Wirksamkeit zwei sich deckende gültige Willenserklärungen voraus.

K und V haben jedoch ihre Erklärungen vor dem Notar nur zum Schein abgegeben. Folge davon ist, daß die auf einen Kaufpreis von 100 000,– DM gerichteten Willenserklärungen gem. § 117 Abs. 1 nichtig sind.

Ein Anspruch des K aus § 433 Abs. 1 S. 1 aufgrund des notariellen Vertrages besteht nicht.

II. Der Anspruch des K auf Übereignung des Grundstückes gem. § 433 Abs. 1 S. 1 könnte sich indessen aus dem privatschriftlichen Vertrag ergeben.

Semesters schon beantworten kann. (Ein Bearbeiter, dem dieser Unterschied und § 313 S. 1 als Beispiel für zwingendes Recht noch unbekannt waren, hätte die Klausur aber zumindest bis zu der Feststellung, daß der Vertrag gem. § 125 S. 1 nichtig ist, zutreffend lösen können.)

4. Bei diesem Vertrag handelt es sich um das »verdeckte Rechtsgeschäft«, das § 117 Abs. 2 (*Merke nochmals:* Jede Vorschrift muß immer *ganz* gelesen werden!) meint. Hier muß nun (»wie immer«) Schritt für Schritt der Sachverhalt unter das Gesetz subsumiert werden: Verdecktes Rechtsgeschäft = Grundstückskaufvertrag; Vorschrift, auf die § 117 Abs. 2 verweist = § 313 S. 1. § 313 S. 1 verlangt besondere *Form* (notarielle Beurkundung); gesetzliche Form wurde nicht eingehalten; Vorschrift, die Folge davon enthält: § 125 S. 1 *(Ausarbeitung II 1).*

5. Mit dieser Subsumtion ist aber der Sachverhalt nicht ausgeschöpft, da dort von einer Klausel die Rede ist, wonach Formfehler unerheblich sein sollen. Daher ist die Wirksamkeit dieser Klausel (Vereinbarung) zu prüfen *(Ausarbeitung II 2 a und b).*

*Zur Vertiefung*

| | |
|---|---|
| *Alpmann* u. *Schmidt* | BGB AT 2; S. 176–199 |
| *Brehm,* W. | Allg. Teil des BGB; § 11 |
| *Brox,* H. | Allgemeiner Teil des Bürgerlichen Gesetzbuches; § 13 |
| *Larenz,* K. | Allgemeiner Teil des deutschen Bürgerlichen Rechts; § 21 I |
| *Löwisch,* M. | Der Allgemeine Teil des BGB; S. 83 ff. |
| *Peters,* F. | BGB – Allg. Teil; S. 107–113 |
| *Wörlen,* R. | Bd. I; S. 157–169 |

1. Dies folgt aus § 117 Abs. 2, der für den Fall, daß ein Scheingeschäft ein anderes Rechtsgeschäft verdecken soll, die für dieses *verdeckte Rechtsgeschäft* geltenden Vorschriften für verbindlich erklärt.

Bei dem von K und V verdeckten, wirklich gewollten Vertrag handelt es sich ebenfalls um einen Grundstücksveräußerungsvertrag, welcher gem. § 313 S. 1 der notariellen Beurkundung bedarf. Diese wurde jedoch für den Vertrag mit einem Kaufpreis von 200 000,– DM nicht vorgenommen.

Somit fehlt es an der gesetzlich vorgeschriebenen Form mit der Folge, daß dieser Vertrag gem. § 125 S. 1 nichtig ist.

2. Da die Parteien vereinbart haben, daß sich keine von beiden auf eventuelle Formfehler berufen dürfe, ist zu prüfen, ob in dieser Vereinbarung ein wirksamer Ausschluß des Formerfordernisses von § 313 S. 1 zu sehen ist.

a) Dann müßte § 313 S. 1 grundsätzlich abdingbar sein. Gegen die Abdingbarkeit dieser Vorschrift spricht zunächst § 313 S. 2, der den Mangel der Form nur dann geheilt sehen will, wenn Auflassung und Eintragung ins Grundbuch erfolgt sind, was hier nicht der Fall ist.

b) Gegen die Abdingbarkeit spricht auch der Schutzzweck des § 313. Mit dieser Vorschrift soll erreicht werden, daß übereilte Veräußerungen von in der Regel wertvollen Grundstücken verhindert werden. Dieser Schutzzweck würde unterlaufen, wenn § 313 S. 1 durch eine formlose Vereinbarung der Parteien einfach außer Kraft gesetzt werden könnte. Trotz der Vereinbarung von K und V ist § 313 S. 1 daher zu beachten. Da die dort vorgeschriebene Form nicht eingehalten wurde, bleibt es bei der Nichtigkeit des Vertrages gem. § 125 S. 1. K hat somit gegen V keinen Anspruch auf Übereignung des Grundstückes gem. § 433 Abs. 1 S. 1.

# Fall 6 Geschäftsfähigkeit; Stellvertretung

*Aufgabe I*

Der 13jährige Anton (A) wünscht sich schon seit langem einen CD-Player. Seine Eltern haben ihm die Erfüllung dieses Wunsches versprochen, sobald sich die Gelegenheit eines günstigen Kaufes eines gebrauchten Gerätes ergäbe. Als A hört, daß Berthold (B), der Bruder seines Freundes, seinen gebrauchten CD-Player verkaufen wolle, geht er zu B und einigt sich mit ihm auf dessen Vorschlag über den Ankauf des Gerätes zu einem Preis von 300,– DM. Auf Frage des B behauptet A wahrheitswidrig, seine Eltern seien informiert und mit dem Geschäft einverstanden. Als die Eltern des A von dem Geschäft hören, erklären sie wegen des günstigen Kaufpreises A gegenüber ihr Einverständnis. B hat jedoch Zweifel an der Wirksamkeit des Kaufes und ruft deswegen am nächsten Tag die Eltern des A an, um sich von ihnen den Vertrag bestätigen zu lassen. Da V, der Vater des A, inzwischen ein ihm günstiger erscheinendes Angebot erhalten hat, verweigern die Eltern dem B gegenüber ihre Zustimmung.

Kann B von A *oder* dessen Eltern die Zahlung des Kaufpreises von 300,– DM verlangen? (ähnlicher Fall bei *Werner,* S. 61)

*Aufgabe II*

Der an Grippe erkrankte Jurastudent Gottlieb (G), der mit dem gleichaltrigen Fridolin (F) befreundet ist, muß das Bett hüten. Da Gottlieb sehr strebsam ist, möchte er sein Studium auch während seiner Krankheit fortsetzen. Er bittet deshalb F, ihm irgendwo preisgünstig ein gebrauchtes Lehrbuch von Larenz, BGB-Allgemeiner Teil, zu besorgen. F sagt zu, hält sich aber nicht an diese Weisung des G, sondern meint, daß G den Larenz ohnehin nicht verstehe, und kauft deshalb ohne dessen Zustimmung im Namen des G vom Trödler Xaver (X), den er zu sich kommen läßt, besonders preisgünstig die Memoiren der Josefine Mutzenbacher.

1. Kann X die Zahlung des Kaufpreises von G verlangen, der die »Josefine Mutzenbacher« bereits besitzt und das Buch deshalb nicht haben will?

2. Muß F den Betrag des Kaufpreises und eventuelle Fahrtkosten des X bezahlen?

(Bearbeitungszeit: 2 1/2 Std.)

## Aufgabe I

### Besondere Vorüberlegungen

*(gehören nicht in die Klausur-Ausarbeitung)*

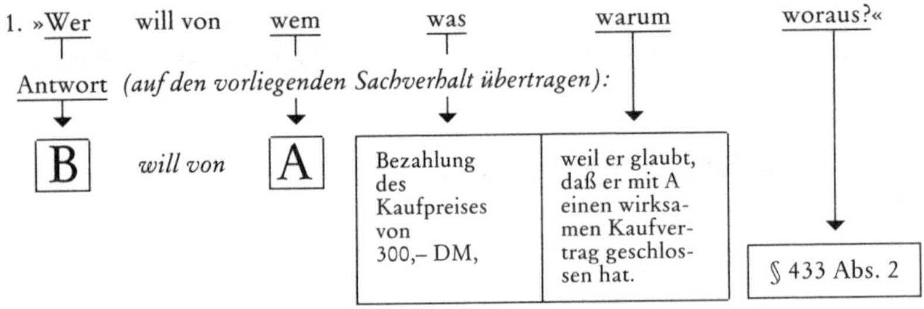


Die Rechtsfolge »Kaufpreiszahlung« ist in § 433 Abs. 2 geregelt. Diese Vorschrift ist daher in einem ausformulierten Satz dem Gutachten als *Anspruchsgrundlage* voranzustellen *(vgl. Ausarbeitung I)!*

2. Prüfung der *Voraussetzungen* der Anspruchsgrundlage:
Voraussetzung(en) formulieren = hier: Wirksamer Kaufvertrag, der wirksames Angebot und dessen Annahme voraussetzt. Daß man das weiß, kann man zeigen, indem man die Willenserklärungen der möglichen Vertragspartner sofort entsprechend einordnet und dazu die einschlägigen Paragraphen zitiert *(vgl. Ausarbeitung I 1).*

3. a) Zweifel bestehen nur an der Wirksamkeit der Annahmeerklärung von A! Da der Sachverhalt über das Alter des B nichts aussagt, geht man – ohne das zu erwähnen oder gar zu »rechtfertigen« – vom »Normalfall« aus, daß B volljährig und somit voll geschäftsfähig ist! Da A indessen erst 13 Jahre alt ist, muß dies rechtlich eingeordnet werden, indem § 106 zitiert (bzw. der Sachverhalt unter diese Vorschrift subsumiert) wird, der auf die §§ 107 ff. verweist. Bei der Prüfung dieser Vorschriften Schritt für Schritt vorgehen und die logische Reihenfolge einhalten: *Ohne* »Zustimmung« (= Oberbegriff für »Einwilligung« und »Genehmigung«!) des gesetzlichen Vertreters ist eine Willenserklärung eines beschränkt Geschäftsfähigen gem. § 107 wirksam, wenn sie nicht der *Einwilligung* bedarf. Also muß zunächst festgestellt werden, *ob* dies der Fall ist oder nicht *(vgl. Ausarbeitung I 1 a)!*

b) *Ohne* Zustimmung kann der Vertrag eines beschränkt Geschäftsfähigen, auch wenn seine Willenserklärung ihm zunächst einen rechtlichen Nachteil i. S. v. § 107 gebracht hatte, wirksam sein, wenn die Voraussetzungen des sog. »Taschengeldparagraphen« vorliegen. Da sich unter diesen Voraussetzungen die Frage nach einer »Genehmigung« gem. § 108 gar nicht mehr stellen würde, mußte § 110 vor § 108 geprüft werden! Bevor man sich über den *Betrag* des Taschengeldes Gedanken macht, muß festgestellt werden, ob die Leistung des Minderjährigen tatsächlich schon *bewirkt* wurde (§ 362 war nicht unbedingt zu erwähnen!). Ist dies nicht der Fall, ist der »Taschengeldbetrag« »uninteressant« (= kein Wort dazu!). *(Vgl. Ausarbeitung 1 b)*

## Aufgabe I

I. B könnte gegen A einen Anspruch auf Bezahlung des Kaufpreises gem. § 433 Abs. 2 haben.

1. Voraussetzung für diesen Anspruch ist, daß zwischen A und B ein wirksamer Kaufvertrag zustande gekommen ist. Indem B vorschlägt, daß A den CD-Player für 300,– DM kaufen solle, macht B dem A ein gültiges Angebot, das A, indem er sich mit B »einigt«, tatsächlich auch annimmt (vgl. §§ 145, 151 S. 1).

a) Fraglich ist, ob die von A abgegebene Annahmeerklärung wirksam war. A ist als 13jähriger gem. § 106 beschränkt geschäftsfähig, so daß er nach § 107 zu einer Willenserklärung, die ihm nicht lediglich einen rechtlichen Vorteil bringt, der Einwilligung, d. h. der vorherigen Zustimmung (§ 183), seines gesetzlichen Vertreters bedarf. Nach dem klaren Gesetzeswortlaut des § 107 reicht nur ein wirtschaftlicher Vorteil, den der beschränkt Geschäftsfähige erlangen würde, nicht aus, um die Einwilligung des gesetzlichen Vertreters entbehrlich zu machen. Da A sich mit seiner Annahmeerklärung rechtlich verpflichtet, den Kaufpreis zu zahlen, liegt darin ein rechtlicher Nachteil, so daß es gem. § 107 grundsätzlich der Einwilligung des gesetzlichen Vertreters bedurfte, d. h. in diesem Fall der Einwilligung seiner Eltern (vgl. §§ 1626, 1629). Diese Einwilligung lag aber nicht vor; insbesondere kann in der grundsätzlichen Bereitschaft der Eltern, dem A den Wunsch nach einem CD-Player zu erfüllen, keine Einwilligung in einen konkreten Vertragsschluß gesehen werden.

b) Grundsätzlich kann der Vertragsschluß eines beschränkt Geschäftsfähigen auch ohne Zustimmung des gesetzlichen Vertreters gem. § 110 BGB wirksam werden, wenn der Minderjährige seine vertragsgemäße Leistung mit Mitteln bewirkt, die ihm zu diesem Zweck oder zur freien Verfügung überlassen worden sind (»Taschengeld«). »Bewirkung« der Leistung heißt, daß die Leistung bereits erbracht ist; erst dann kann das Schuldverhältnis (gem. § 362 Abs. 1) erlöschen. Hier hat A aber die 300,– DM noch nicht an B gezahlt, so daß schon diese Voraussetzung des § 110 nicht erfüllt ist.

c) Hat man festgestellt, daß die Voraussetzungen von § 110 nicht vorliegen, ist auf die »schwebende Unwirksamkeit« des *Vertrages* einzugehen und zu prüfen, ob eine nach § 108 mögliche »Genehmigung« erteilt wurde. Diese Vorschrift muß man natürlich in ihrem ganzen Umfang kennen bzw. vor Erstellung des Gutachtens genauestens lesen, um Abs. 2 S. 1 nicht zu »vergessen«! *(Vgl. Ausarbeitung I 1 c)*

4. Hat man festgestellt, daß die Voraussetzungen für den vermuteten bzw. geltend gemachten Anspruch nicht vorliegen, ist als *Ergebnis* festzuhalten, daß der Anspruch nicht begründet ist *(vgl. Ausarbeitung I 2).*

**Exkurs:**

Ausgangspunkt für die Lösung eines Falles ist nach sorgfältiger Erfassung des Sachverhaltes (s. o. »Allgemeine Vorüberlegungen«) die *Fallfrage! Hier* ist eine *direkte* Frage klar gestellt worden: »Kann B von *A oder* dessen Eltern den Kaufpreis verlangen?« Trotz der (eigentlich unnötigen) hilfreichen Hervorhebung des Wörtchens »oder« hatten die meisten Bearbeiter dieser Klausur nicht erkannt, daß nach *zwei verschiedenen* Ansprüchen des B gegen verschiedene Anspruchsgegner gefragt war, die getrennt zu prüfen waren! Der (leider) typische erste Satz des Gutachtens »B könnte einen Anspruch auf Kaufpreiszahlung gegen A *und* (!) dessen Eltern gem. § 433 Abs. 2 haben« zeugt *entweder* von sehr oberflächlicher Sachverhaltslektüre *oder* reichlichem Unverständnis des Minderjährigenrechts! Das Minderjährigenrecht bezweckt einerseits in erster Linie den Schutz der Minderjährigen, soll sie aber auch – wenn es um Vertragsschlüsse geht – zum alleinigen Vertragspartner werden lassen, wenn der Schutz [= »Zustimmung« des gesetzlichen Vertreters (Regelfall: Eltern)] nicht erforderlich ist! Letzteres war jedoch nicht der Fall; und da die Eltern die *erforderliche* (§ 107!) *Einwilligung* ebenso wie die *mögliche* (§ 108) *Genehmigung* nicht erteilt hatten, war der Vertrag des B mit A unwirksam! Also war die Frage zu beantworten, ob B möglicherweise einen *Anspruch gegen die Eltern* hat:

5. Da es um den Anspruch auf Kaufpreiszahlung (§ 433 Abs. 2) geht, müßten die *Eltern statt* des A Vertragspartner von B geworden sein! Daran fehlt es! Das mußte angesichts der klar gestellten Fallfrage kurz unter Prüfung der Voraussetzungen begründet werden *(vgl. Ausarbeitung II 1 und 2).*

6. Ergebnis dieser Prüfung festhalten = vgl. *Ausarbeitung II 3.*

7. Das Wort »Ergebnis« müssen Sie nicht unbedingt verwenden. Wenn Sie es unter einer Gliederungsziffer abschließend (ohne Überschrift) *formulieren,* ist es dem Korrektor als solches erkennbar ...

c) Es bleibt somit bei der Einwilligungsbedürftigkeit für den Vertrag gem. § 107. Da die Einwilligung nicht vorlag, war der Vertrag zunächst gem. § 108 Abs. 1 schwebend unwirksam, d. h., die Wirksamkeit des Vertrages hing von der Genehmigung (= nachträgliche Zustimmung, § 184 Abs. 1) der Eltern ab. Zwar haben die Eltern diese Zustimmung dem A gegenüber erteilt, doch gem. § 108 Abs. 2 S. 1 konnte die Genehmigung des Vertrages auf die erfolgte Anfrage des B nur diesem gegenüber erklärt werden. Dem B gegenüber haben die Eltern die Genehmigung jedoch verweigert, so daß der Vertrag endgültig unwirksam war.

2. (Ergebnis:)*
Mangels eines wirksamen Kaufvertrages hat B gegen A keinen Anspruch auf Bezahlung der 300,– DM.

II. Ein Anspruch auf Bezahlung des Kaufpreises von 300,– DM gegenüber den Eltern könnte sich ebenfalls aus § 433 Abs. 2 ergeben.

1. Auch hierfür ist ein wirksamer Kaufvertrag durch Angebot und Annahme erforderlich. Zwar läßt sich das Angebot des B gegenüber A durchaus so verstehen, als solle es auch für den Fall gelten, daß die Eltern anstelle des A selbst als Vertragspartner eintreten wollen.

2. Da die Eltern aber in keiner Weise zu erkennen gegeben haben, daß sie dieses Angebot angenommen haben, fehlt es an der wirksamen Vertragsannahme und somit an einem wirksamen Kaufvertrag.

3. (Ergebnis:)*
B hat daher keinen Anspruch auf Zahlung des Kaufpreises gegen die Eltern.

* Siehe Anm. 7 links S. 30

## Aufgabe II, 1. Frage

1. Die Ausgangsfrage der Vorüberlegungen »*Wer* will *was von wem, warum, woraus?*« führt hier wieder zur *Anspruchsgrundlage* des § 433 Abs. 2, die dem Gutachten *voranzustellen* ist *(Ausarbeitung 1).*

2. Voraussetzung der Anspruchsgrundlage nennen *(Ausarbeitung + ).* Da G nicht selbst handelte, sofort prüfen, ob F wirksam für G handeln konnte, d. h. rechtlich: ihn *vertreten* konnte *(Ausarbeitung 1 a).*

a) Voraussetzungen einer wirksamen Vertretung (§ 164 Abs. 1) schrittweise prüfen = subsumieren! *(Ausarbeitung 1 b aa–cc).*

b) Ergebnis der Prüfung festhalten *(Ausarbeitung 1 c).*

## Aufgabe II, 1. Frage

1. X könnte gegen G einen Anspruch auf Bezahlung der »Mutzenbacher« gem. § 433 Abs. 2 haben.
+) Voraussetzung ist, daß zwischen *X und G* ein wirksamer Kaufvertrag geschlossen wurde.

a) Hier hat aber nicht G selbst, sondern F mit X verhandelt. Das Kaufangebot (Willenserklärung des F) ist daher gem. § 164 nur wirksam, wenn F den G wirksam vertreten hat.

b) Eine wirksame Vertretung i. S. § 164 Abs. 1 ist unter folgenden Voraussetzungen gegeben:

aa) F müßte eine *eigene Willenserklärung* abgegeben haben. Dies ist der Fall, da F bezüglich des Kaufangebots einen Entscheidungsspielraum hatte: Er sollte das Buch »irgendwo preisgünstig« besorgen.

bb) F müßte seine Willenserklärung *in fremdem Namen* abgegeben haben. Auch dies ist geschehen. F handelte ausdrücklich im Namen des G.

cc) Schließlich müßte F »innerhalb der ihm zustehenden Vertretungsmacht« gehandelt haben. Ob dies der Fall ist, richtet sich nach dem Inhalt der erteilten Vollmacht (§§ 167 Abs. 1; 166 Abs. 2 S. 1). Diese enthält die Weisung, den »Larenz« zu kaufen, nicht die »Mutzenbacher«. Indem F die »Mutzenbacher« kaufte, hat er seine Vertretungsmacht überschritten, d. h., insoweit ist F zu behandeln, als ob er *ohne Vertretungsmacht* gehandelt hätte. Gem. § 177 Abs. 1 ist der Kaufvertrag zwischen G und X »schwebend unwirksam«, solange G nicht genehmigt hat. Da G die Genehmigung – konkludent (er will das Buch nicht haben) – verweigert, fehlt es an einer dem F zustehenden Vertretungsmacht.

c) Die Voraussetzungen des § 164 Abs. 1 sind danach nicht erfüllt; F hat den G nicht wirksam vertreten. Somit kam zwischen G und X kein Kaufvertrag zustande. X hat keinen Anspruch gegen G aus § 433 Abs. 2.

## Aufgabe II, 2. Frage

1. Die Fragestellung »*Wer* will *was von wem, warum, woraus?*« ergibt, daß X zweierlei will: Kaufpreis und Fahrtkosten.

Kaufpreiszahlung regelt – s. o. – § 433 Abs. 2. Also – nach Voranstellung der ausformulierten *Anspruchsgrundlage* – prüfen, ob Voraussetzung (Kaufvertragsschluß X – F) gegeben ist *(Ausarbeitung 2 a).*

Das ist nicht der Fall; also prüfen, ob weitere Anspruchsgrundlage in Betracht kommt.

Die Fallfrage fragt nach dem *Betrag* des Kaufpreises, nicht nach dem Kaufpreis selbst. Allgemeiner ausgedrückt: Kann X etwas von F verlangen, das der vertraglichen Leistung (= Erfüllung) *entspricht?* Einen solchen Anspruch enthält § 179 Abs. 1 (§ 179 ist *»Anspruchsgrundlage«:* Die dort formulierte Verpflichtung des Schuldners, etwas zu tun, enthält das Recht des Gläubigers, dieses Tun zu verlangen – vgl. Legaldefinition »Anspruch« in § 194 Abs. 1)!

Diese Anspruchsgrundlage nennen *(vgl. Ausarbeitung 2 b).*

Da die Voraussetzungen dieses Anspruchs (insbes. Fehlen der Vertretungsmacht) oben bereits geprüft (vgl. oben Ausarbeitung, Aufgabe II 1 b) wurden, genügt es, gleich die Rechtsfolgen zu nennen.

2. Nun klären, was die einzelnen Rechtsfolgen im konkreten Fall bedeuten *(vgl. Ausarbeitung 2 b aa–cc).*

*Daß Fahrkosten nicht zum Erfüllungsinteresse gehören können, folgt aus vertraglicher Vereinbarung: Vertrag selbst verpflichtet nur zur Kaufpreiszahlung, nicht zum Ersatz der Fahrkosten, also kann Schadensersatz nach § 179 Abs. 1 nur Zahlung eines dem Kaufpreis entsprechenden Betrages bedeuten.*

*Zur Vertiefung*

| | |
|---|---|
| *Alpmann* u. *Schmidt* | BGB AT 2, S. 155–174 und S. 217–277 |
| *Brehm,* W. | Allg. Teil des BGB; §§ 9, 15 |
| *Brox,* | Allgemeiner Teil des Bürgerlichen Gesetzbuches; §§ 12, 5, 23–27 |
| *Larenz,* K. | Allgemeiner Teil des deutschen Bürgerlichen Rechts; §§ 6 I–III, 30–32 |
| *Löwisch,* M. | Der Allgemeine Teil des BGB; §§ 17, 8 |
| *Rüthers,* B. | Allg. Teil des BGB; §§ 17, 18 u. 29–32 |
| *Wörlen,* R. | Bd. I; S. 71–79, 179–199 |

**Aufgabe II, 2. Frage**

2. a) Ein Anspruch des X aus § 433 Abs. 2 könnte aber gegen F begründet sein, wenn zwischen *F und X* ein wirksamer Kaufvertrag geschlossen wurde. F hat indessen – für X erkennbar (daher nicht: § 164 Abs. 2) – ausdrücklich im Namen des G gehandelt, also kein eigenes Kaufangebot abgegeben. Ein Kaufvertrag zwischen F und X liegt somit nicht vor. Ein Anspruch aus § 433 Abs. 2 auf Zahlung des Kaufpreises des X gegen F ist nicht begründet.

b) F handelte aber (s. o.) wie ein Vertreter ohne Vertretungsmacht. Da keine Genehmigung des Vertrages durch G gem. § 177 Abs. 1 (s. o.) erfolgte, haftet F aus § 179. Gem. § 179 Abs. 1 ist F zur Erfüllung oder zum Schadensersatz verpflichtet.

aa) Wählt X Erfüllung, wird F so behandelt, als sei ein wirksamer Kaufvertrag zwischen ihm und X geschlossen, d. h., er ist zur Zahlung des Kaufpreises verpflichtet und kann bzw. muß die »Mutzenbacher« behalten.

bb) Wählt X Schadensersatz, so ist er so zu stellen, wie er bei ordnungsgemäßer Erfüllung eines wirksam geschlossenen Vertrages gestanden hätte (= Erfüllungsinteresse/positives Interesse). Im Ergebnis heißt das Zahlung eines dem Kaufpreis entsprechenden Betrages abzüglich des tatsächlichen Wertes des Buches. Von diesem Wahlrecht wird X nur Gebrauch machen, wenn der Kaufpreis höher ist als der Wert des Buches.

cc) Die Fahrtkosten dagegen sind nicht von diesem Schadensersatz umfaßt, da X Fahrtkosten auch hätte zahlen müssen, wenn der Vertrag ordentlich erfüllt worden wäre.

c) Ergebnis: F muß gem. § 179 Abs. 1 einen dem Kaufpreis entsprechenden Betrag an X zahlen.

## Fall 6

*Raum für eigene Notizen:*

# Fall 7 Stellvertretung; Anfechtung

V in Hamburg, der dringend Geld benötigt, will seine Daumier-Zeichnung »Conservations d'Avocats« verkaufen. Da er verreisen muß, bittet er seinen Freund B, dies für ihn zu tun.

B setzt sich daraufhin mit mehreren Kunsthändlern in Verbindung und bietet diesen das Bild an, hat aber die Zeichnung, als V zwei Wochen später zurückkommt, immer noch nicht verkauft. Auf seiner Reise hat V jedoch einen Interessenten kennengelernt und sagt nun zu B, von dem er sich das Bild aushändigen läßt, er solle sich nicht weiter bemühen, da er, V, die Sache nun selbst in die Hand nehmen wolle.

Dennoch verkauft B zwei Tage später den »Daumier« im Namen des V an den Kunsthändler und vermögenden Grafen G, der auf das Angebot von B eigens von München nach Hamburg gereist war, um das Bild zu kaufen. Er hatte die Möglichkeit, das Bild mit einem Gewinn von 400,– DM weiterzuverkaufen. G ist der Meinung, daß das Bild ihm zustehe, zumindest aber müßten ihm die Fahrtkosten und die 400,– DM ersetzt werden.

Kann G das Bild verlangen und ggf. von wem? Hat G Ersatzansprüche?

*Abwandlung:*

Wie wäre es, wenn V sich zur Vorleistung verpflichtet hätte und dem G gegenüber zunächst erklärt, das Handeln des B »ginge in Ordnung«, er aber, nachdem er erfahren hat, daß G ein vermögensloser Hochstapler ist, diesem nun mitteilt, er denke nicht daran, das Bild zu liefern?

(Bearbeitungszeit: 2 Std.)

## A. Ausgangsfall

### Besondere Vorüberlegungen

*(gehören nicht in die Klausur-Ausarbeitung)*

1. *Ausgangsfrage: »Wer* will *von wem was, warum, woraus?«*

Bevor diese Frage auf den vorliegenden Sachverhalt übertragen werden kann, muß man den Geschehensablauf völlig erfaßt haben. Dies wird regelmäßig etwas schwieriger, wenn – wie hier mit V, B und G – mehr als zwei Personen am Geschehen beteiligt sind. Hier ist bedeutsam, daß das Bild sich inzwischen wieder beim ursprünglichen Eigentümer V (V hat sich das Bild von B wieder aushändigen lassen!) befindet. Der Anspruchsteller G wird sich mit seinem in der Fallfrage konkret formulierten Begehren sinnvollerweise zunächst an V, in dessen Namen B das Bild verkauft hat, wenden. Die Antwort auf die Ausgangsfrage ergibt: G will von V Übergabe des Bildes und Verschaffung des Eigentums daran, weil er meint, daß zwischen ihm und V über B ein entsprechender Vertrag geschlossen sei. Die Rechtsfolge »Übergabe und Eigentumsverschaffung« enthält § 433 Abs. 1 S. 1. Damit ist auch geklärt, »woraus« G sein Begehren herleiten will, d. h., § 433 Abs. 1 S. 1 ist *Anspruchsgrundlage* und deshalb – als hypothetisches Ergebnis formuliert – *der Fallösung voranzustellen (vgl. Ausarbeitung A I).*

2. Nunmehr sind die Voraussetzungen der Anspruchsgrundlage zu prüfen; bei § 433 also das Vorliegen eines wirksamen Kaufvertrages zwischen dem Anspruchsteller (G) und Anspruchsgegner (V) *(vgl. Ausarbeitung A I 1).*

Überflüssig (und deshalb *falsch*) wäre es, allgemeine Ausführungen darüber zu machen, daß ein Kaufvertrag durch zwei sich deckende Willenserklärungen, Angebot und Annahme, zustande kommt etc., da das ganz offensichtlich kein »Problem« der Arbeit ist und einer »stringenten« Lösung entgegensteht. Entscheidend für die Lösung ist, ob B – nur dieser verhandelte mit G – den V wirksam vertreten hat, da dann die gleichen Rechtsfolgen eintreten, als ob V selbst mit G verhandelt hätte. Deshalb sofort das Problem beim Namen nennen, d. h., die entscheidende Vertretungsvorschrift (= § 164 Abs. 1) *(vgl. Ausarbeitung A I 2)* zitieren.

Nun die Voraussetzungen für wirksame Vertretung prüfen: »eigene Willenserklärung«, »in fremdem Namen« und »Vertretungsmacht« *(Ausarbeitung A I 2 a, b, c).*

3. *Zu Ausarbeitung A I 2 c:*

Daß Vertretungsmacht zum Zeitpunkt der Abgabe der Willenserklärung vorliegen muß, ergibt sich zwingend aus dem Wortlaut des Gesetzes (§ 164 Abs. 1: »abgibt«). Da V seine Bevollmächtigung wieder zurückgenommen (= widerrufen) hat, Vorschriften nennen, die ihm das Recht zum Widerruf geben (= §§ 168, 167) *(Ausarbeitung A I 2 c + + ).*

Nicht nötig war es, sich darüber auszulassen, daß der Widerruf eine Willenserklärung ist und daß er, wie alle Willenserklärungen, nicht ausdrücklich geäußert werden muß, sondern auch konkludent erfolgen kann. Daß dies so ist und daß Sie das wissen, zeigen Sie, wenn Sie eine Formulierung, wie hier geschehen, wählen: In der *Ausarbeitung* wurde *im Satz vor* » + + « gesagt, daß V dem B bereits mitgeteilt habe, er wolle

## A. Ausgangsfall

I. G könnte gegen V einen Anspruch auf Übergabe des Bildes und Verschaffung des Eigentums daran gem. § 433 Abs. 1 S. 1 haben.

1. Voraussetzung ist, daß zwischen V und G ein wirksamer Kaufvertrag zustande gekommen ist.

2. Da G nicht mit V selbst, sondern nur mit B verhandelt hatte, ist dies nur möglich, wenn B bei den Vertragsverhandlungen als Vertreter des V i. S. d. § 164 Abs. 1 gehandelt hätte. Nach dieser Vorschrift wirken, sofern die Voraussetzungen einer wirksamen Vertretung vorliegen, die Willenserklärungen des Vertreters unmittelbar für und gegen den Vertretenen.

a) Dann müßte B eine eigene Willenserklärung abgegeben haben. Diese liegt im Verkaufsangebot des B an G. Dabei handelt es sich um eine eigene Willenserklärung des B, da er sich entsprechend dem ursprünglichen Auftrag des V bezüglich Preis und Käufer selbst entscheiden konnte.

b) Diese Willenserklärung, das Angebot, müßte B auch in fremdem Namen abgegeben haben, was geschehen ist, da B ausdrücklich »im Namen des V« verkaufte.

c) Schließlich müßte B gem. § 164 Abs. 1 S. 1 innerhalb der ihm zustehenden Vertretungsmacht gehandelt haben. Ursprünglich hatte B diese Vertretungsmacht (vgl. § 166 Abs. 2 S. 1), da V ihn, indem er ihn bat, das Bild für ihn zu verkaufen, gem. § 167 Abs. 1 bevollmächtigte, den Verkauf vorzunehmen. Diese Vertretungsmacht müßte noch zum Zeitpunkt der Abgabe der Willenserklärung des Vertreters, also zum Zeitpunkt des Verkaufsangebots durch B und dessen Annahme durch G, vorgelegen haben. Zu diesem Zeitpunkt aber hatte V dem B bereits mitgeteilt, dieser solle sich nicht weiter bemühen, da er, V, die Sache nun selbst in die Hand nehmen wolle.
+ +) Damit hat V die dem B erteilte Vollmacht widerrufen (§ 168 S. 3 i. V. m. § 167 Abs. 1). B handelte daher ohne Vollmacht, d. h. als Vertreter ohne Vertretungsmacht, als er das Bild verkaufte. Die Voraussetzungen für eine wirksame Vertretung des V durch B sind somit nicht gegeben.

die Sache selbst in die Hand nehmen. Aus dem dann folgenden Wort »damit« und dem Zitat der nachfolgenden Vorschriften (§§ 167 ff.) geht hervor, daß dieses Geschehen rechtlich richtig eingeordnet (= subsumiert) wurde!

4. *Zu Ausarbeitung A I 3:*

Der Hinweis auf das Nichtvorliegen von Duldungs- und Anscheinsvollmacht ist nicht unbedingt notwendig, hier aber – in dieser Kürze! – angebracht, um zu zeigen, daß man diese Möglichkeit erwogen hat und weiß, worauf es dabei ankommt (»Wissen« = bewußtes Dulden; »Wissen können« = fahrlässiges Dulden).

5. *Zu Ausarbeitung A I 4:*

Eine andere Anspruchsgrundlage gegen V als § 433 Abs. 1 S. 1 ist nicht ersichtlich. Dies braucht aber in der Ausarbeitung nicht gesagt zu werden; es ergibt sich daraus, daß keine neue Anspruchsgrundlage geprüft wird und das Ergebnis (= kein Anspruch) der gesamten gutachtlichen Prüfung festgehalten wird.

6. *Zu Ausarbeitung A II 1:*

Mit dieser Formulierung zeigt man, daß man die Fallfrage »von wem kann G das Bild verlangen« (s. o. »Methodische Hinweise« 2) richtig verstanden hat.

Um Längen zu vermeiden, kann man – da die Anspruchsgrundlage § 433 Abs. 1 S. 1 ausführlich in der Ausarbeitung unter *I* schon geprüft wurde – die Anspruchsgrundlage und ihre Voraussetzungen gleich in einem Satz formulieren.

7. *Zu Ausarbeitung A II 2:*

a) Nachdem vorher kurz (da »unproblematisch«) festgestellt wurde, daß die Voraussetzungen für eigenen Vertragsschluß durch B nicht gegeben sind, B also Vertreter ohne Vertretungsmacht war, sind nun die Rechtsfolgen zu nennen, die sich daraus ergeben (§ 179). Da § 179 Abs. 1 von Verweigerung der Genehmigung handelt, war es angebracht, die Vorschriften zu nennen, die sich mit der Erteilung der Genehmigung (§ 177) und mit der Genehmigung selbst (§ 184) befassen.

b) Daß V die Genehmigung *nicht* erteilt, ergibt sich aus dem Sachverhalt: *Hätte* er sie (konkludent oder ausdrücklich) erteilt, käme es gar nicht zum Streit = aus dem Verlangen des G geht zwingend hervor, daß V ihm das Bild nicht – freiwillig – geben will. Unrichtig wäre es gewesen, spitzfindig festzustellen, da V noch nicht genehmigt habe, könne er dies noch tun, und dann sei der Vertrag V – G gültig usw.

Schon gar nicht durfte man hier etwa unterstellen, daß V »mangels anderer Anhaltspunkte im Sachverhalt« genehmigt habe und deshalb der Vertrag gültig sei . . . Solche Unterstellungen (in Übungsklausuren durchaus vorgekommen) sind unzulässig und zeigen, daß der Bearbeiter nicht verstanden hat, worauf es ankommt.

c) Schließlich sind die sich aus § 179 Abs. 1 ergebenden Rechtsfolgen *(Ausarbeitung A II 2 a, b)* im einzelnen zu prüfen, und dann ist festzustellen, ob und wie sie durchgreifen. Dabei realistischerweise am konkreten Fall bleiben: Da B das Bild nicht herausgeben kann, wäre die Lösung unvollständig (= »falsch«), wenn man nur den Anspruch auf Erfüllung (§ 179 Abs. 1 1. Alt.) als Ergebnis festhielte, ohne auf Schadensersatz einzugehen.

3. Auch die ausnahmsweise entsprechende Anwendung der Vertretungsvorschriften nach den Grundsätzen über die Duldungs- oder Anscheinsvollmacht kommt nicht in Betracht, da dem Sachverhalt nicht zu entnehmen ist, daß V von dem Handeln des B wußte oder hätte wissen können.

4. *Ergebnis:*
Mangels einer wirksamen Vertretung des V durch B kam zwischen G und V kein Kaufvertrag zustande. G hat keinen Anspruch gegen V aus § 433 Abs. 1 S. 1.

II. 1. Ein Anspruch auf Übereignung des Bildes aus § 433 Abs. 1 S. 1 des G könnte aber gegen B begründet sein, wenn zwischen B und G ein Kaufvertrag geschlossen worden wäre. B verkaufte jedoch ausdrücklich im Namen des V. B gab keine auf einen Vertragsabschluß mit G gerichtete Willenserklärung ab, sondern handelte wie ein Vertreter des V, was für G auch erkennbar war, so daß § 164 Abs. 2 nicht eingreift.

2. Da B ohne Vertretungsmacht handelte (s. o.) und V keine Genehmigung (§§ 177 Abs. 1, 184 Abs. 1) erteilte, richten sich die Rechtsfolgen nach § 179. Danach haftet B dem G auf Erfüllung oder Schadensersatz (§ 179 Abs. 1).

a) Somit könnte G zwar das Bild (= Erfüllung) von B verlangen, doch ist die Realisierung des Anspruchs nicht möglich, wenn V, der Eigentümer des Bildes, dieses nicht hergibt.

b) In diesem Fall wird G daher Schadensersatz wählen. Er ist dabei so zu stellen, als ob ordnungsgemäß erfüllt worden wäre (sog. positives Interesse oder Erfüllungsinteresse), d. h., B muß dem G die 400,– DM (vgl. § 252) ersetzen, nicht aber die Fahrtkosten, da diese auch bei ordentlicher Erfüllung angefallen wären. G hat also einen Anspruch gegen B auf Schadensersatz in Höhe von 400,– DM aus § 179 Abs. 1.

*Zur Vertiefung*

| | |
|---|---|
| *Alpmann* u. *Schmidt* | BGB AT 2; S. 217–277 |
| *Brehm,* W. | Allg. Teil des BGB; § 15 |
| *Brox,* H. | Allgemeiner Teil des Bürgerlichen Gesetzbuches; §§ 23–27 |
| *Larenz,* K. | Allgemeiner Teil des deutschen Bürgerlichen Rechts; §§ 30–32 |
| *Löwisch,* M. | Der Allgemeine Teil des BGB; § 8 |
| *Rüthers,* B. | Allg. Teil des BGB; §§ 29–32 |
| *Wörlen,* R. | Bd. I; 179–199 |

**B. Abwandlung**

1. Spätestens beim Lesen der Zusatzfrage mußte der Bearbeiter merken, daß im Ausgangsfall *keine* Genehmigung erteilt war.

Bis zu diesem Zeitpunkt, zu dem V erklärt, das Handeln B's ginge in Ordnung, ändert sich an der Fallösung gegenüber dem Ausgangsfall nichts. Dies ist daher in der Ausarbeitung unter *Voranstellung der Anspruchsgrundlage* festzustellen *(vgl. Ausarbeitung B 1).*

2. a) Nun ist darzulegen, worin die Änderung zum Ausgangsfall liegt, und diese Änderung ist unter die entsprechenden Rechtsvorschriften zu subsumieren *(vgl. Ausarbeitung B 2 a).*

Zu prüfen sind also Möglichkeiten des V, sich gegen den Anspruch des G zu wehren *(»Regel-Ausnahme-Prinzip«).*

*Regel:* Sind die Voraussetzungen erfüllt, ist Anspruch entstanden; *Ausnahme:* Anspruchsgegner kann durch Einwendungen Anspruch an Entstehung hindern bzw. zum Erlöschen bringen.

b) Der den Anspruch begründende Vertrag wurde wirksam durch Genehmigung des V *(vgl. Ausarbeitung B 2 b + ).* Daher stellte sich die Frage, ob V die Genehmigung wieder beseitigen kann (nicht möglich durch Widerruf! – *siehe Ausarbeitung B 2 b);* Möglichkeit aber: Anfechtung des Kaufvertrages bzw. der zum Abschluß des genehmigten Vertrages führenden WE des B (vgl. z. B. § 119). Nochmals: *Vorschriften immer lesen!*

3. Daher fragen, ob Anfechtung möglich ist *(Ausarbeitung 3).* Also zunächst Voraussetzungen prüfen: *Anfechtungsgrund (Ausarbeitung B 3 a).* Hier konnte man direkt auf § 119 Abs. 2 kommen; es war aber auch nicht falsch, sondern zur Abgrenzung durchaus angebracht, mit einem Satz zu sagen, warum die Irrtumsarten des § 119 Abs. 1 nicht in Betracht kamen *(vgl. Ausarbeitung B 3 a + ).*

**B. Abwandlung**

1. G könnte gegen V einen Anspruch aus § 433 Abs. 1 S. 1 auf Übergabe des Bildes und Verschaffung des Eigentums daran haben. Ob dieser Anspruch begründet ist, hängt u. a. davon ab, ob V durch B beim Vertragsschluß mit G wirksam vertreten wurde. Dies war – wie oben (unter A I 2 a) dargestellt – nicht der Fall, d. h., B handelte als Vertreter ohne Vertretungsmacht.

2. a) Gem. § 177 Abs. 1 hat V aber die Möglichkeit, den Vertragsschluß durch B zu genehmigen (vgl. §§ 184, 182). Dies hat V getan, indem er erklärte, das Handeln des B »ginge in Ordnung«.

b) V konnte diese Genehmigung nicht widerrufen, da ein Widerruf nur bei Einwilligung möglich ist (arg. aus Vergleich §§ 183 und 184).
+) Der zunächst schwebend unwirksame Vertrag zwischen V und G wurde damit wirksam. Ein Anspruch des G gegen V auf Übereignung des Bildes gem. § 433 Abs. 1 S. 1 wäre danach begründet.

3. V könnte den Kaufvertrag aber möglicherweise durch Anfechtung (§ 142 Abs. 1) beseitigen.

a) Dann müßte er einen *Anfechtungsgrund* haben.
+) Als solcher scheiden ein Erklärungs- oder Inhaltsirrtum i. S. d. § 119 Abs. 1 aus, da V, als er die Genehmigung aussprach, nicht ein

Liegt ein Anfechtungsgrund vor, sind weitere Voraussetzungen, z. B. Anfechtungserklärung und Anfechtungsfrist, zu prüfen *(Ausarbeitung B 3 b, c)*.

4. Liegen alle Voraussetzungen für die Wirksamkeit des Einwands vom Anspruchsgegner vor, so greifen die Rechtsfolgen dieses Einwands, hier der Anfechtung, ein. D. h.: Im vorliegenden Fall ist die Genehmigung nichtig (§ 142 Abs. 1) = ein Anspruch des G aus Kaufvertrag besteht deshalb nicht.

Dieses Ergebnis formulieren *(vgl. Ausarbeitung B 3 c + )*.

5. *Zu Ausarbeitung B 4:*

Daß G als Hochstapler gegenüber V keinerlei Ansprüche hat, ist eigentlich selbstverständlich; dennoch ist ein Hinweis auf die Vorschrift des § 122 angebracht, um zu zeigen, daß man diese Vorschrift, die zu den Anfechtungsregeln gehört, nicht übersehen hat.

*Zur Vertiefung*

| | |
|---|---|
| *Alpmann* u. *Schmidt* | BGB AT 1; S. 104–153 |
| *Brehm,* W. | Allg. Teil des BGB; § 8 |
| *Brox,* H. | a.a.O.; §§ 16–20 |
| *Larenz,* K. | a.a.O.; §§ 20, 23 V |
| *Löwisch,* M. | a.a.O.; § 11 |
| *Peters,* F. | BGB – Allg. Teil; S. 123–125 |
| *Rüthers,* B. | Allg. Teil des BGB; § 24 |
| *Wörlen,* R. | Bd. I; S. 124–147 |

anderes Erklärungszeichen benutzt hat, als er beabsichtigte, und die Erklärung auch nichts anderes bedeutete, als er gemeint hatte.

In Betracht kommt aber ein Irrtum des B – nur *seine* Fehlvorstellungen sind bei der Beurteilung des Irrtums entscheidend (vgl. § 166 Abs. 1) – gem. § 119 Abs. 2, ein sog. Eigenschaftsirrtum.

B müßte sich dann über eine Eigenschaft in der Person des G geirrt haben, die im Verkehr als wesentlich angesehen wird. Als eine solche Eigenschaft gilt bei einem Vorleistungsgeschäft auch die Zahlungsfähigkeit einer Person, die in der Regel bei einem Hochstapler nicht gegeben ist.

B unterlag somit einem Irrtum gem. § 119 Abs. 2, der dem Inhaltsirrtum gleichgesetzt ist und zur Anfechtung berechtigt. Ein Anfechtungsgrund liegt mithin vor.

b) Damit die Anfechtung wirksam ist, muß eine *Anfechtungserklärung* (§ 143 Abs. 1) gegenüber dem »Vertragspartner« G als richtigem Anfechtungsgegner (§ 143 Abs. 2) erfolgen. Dies ist im vorliegenden Fall dadurch, daß V die Erfüllung des Kaufvertrages verweigert, konkludent geschehen.

c) Schließlich muß die *Anfechtungsfrist* des § 121 Abs. 1 eingehalten sein, d. h., die Anfechtung muß »unverzüglich« nach Kenntnis vom Anfechtungsgrund erfolgen.

Diese Frist hat V eingehalten, da er dem G nach Kenntnis von dessen Hochstaplereigenschaft mitteilte, daß er das Bild nicht liefern wolle.

Zur Annahme eines schuldhaften Zögerns (§ 121 Abs. 1 S. 1) gibt der Sachverhalt keinen Anlaß.

+) Damit sind alle Voraussetzungen für eine wirksame Anfechtung gegeben. V's Genehmigung – und damit der Kaufvertrag zwischen V und G – ist gem. § 142 Abs. 1 als von Anfang an nichtig anzusehen.

Ein Anspruch des G gegen V auf Übereignung des Bildes gem. § 433 Abs. 1 S. 1 besteht somit nicht.

4. Auch ein Anspruch des G gegen V aus § 122 Abs. 1 scheidet aus, da G als Hochstapler den Grund der Nichtigkeit bzw. der Anfechtbarkeit, wenn nicht kannte, zumindest hätte kennen müssen (§ 122 Abs. 2).

*Raum für eigene Notizen:*

# Fall 8 Anfechtung, Dissens; Auslegung

Die Pensionswirtin Vera (V) schreibt auf Anfrage ihrer Bekannten Martha (M), die mit ihrer Tochter bei V zehn Tage Urlaub machen möchte, folgendes Angebot: »Du kannst ein Doppelzimmer bekommen. Preis (Übernachtung und Frühstück) 35,– oder 40,– DM (letzteres Balkonzimmer), alles inklusive.« M hält das Angebot für sehr günstig, da sie irrtümlich davon ausgeht, der Preis beziehe sich auf das ganze Zimmer und nicht, was in der Hotelbranche verkehrsüblich ist, auf jede Person. M nimmt das Angebot der V bezüglich des Doppelzimmers mit Balkon an und zieht, ohne mit V nochmals über den Preis zu sprechen, mit ihrer Tochter ein. Als die beiden nach zehn Tagen wieder aufbrechen und V 800,– DM verlangt, verweigert M die Bezahlung. Sie ist der Meinung, sie habe nur ein Angebot über insgesamt 400,– DM für das Doppelzimmer angenommen.

1. Zu welchem Gesamtpreis ist der Mietvertrag (§ 535) zwischen V und M zustande gekommen?

2. Kann M den Vertrag möglicherweise anfechten?

(Nach *Diederichsen,* Die BGB-Klausur, S. 121)

(Bearbeitungszeit: 1 1/2 Std.)

## I. Fall 1

### Besondere Vorüberlegungen

*(gehören nicht in die Klausur-Ausarbeitung)*

1. Die Ausgangsfrage, die man sich nach Erfassung des Geschehens (Sachverhalt mindestens zweimal durchlesen!) zu stellen hat, *»wer* will *von wem was, warum, woraus?«*, läßt sich im vorliegenden Fall leicht auf den Sachverhalt übertragen: V will von M 800,– DM Mietzins, weil sie meint, in dieser Höhe habe sie einen Mietvertrag (§ 535) mit M geschlossen. Da V als Anspruchstellerin 800,– DM verlangt, beginnt man sinnvollerweise mit diesem Anspruchsbegehren: § 535 S. 2 wird der Lösung – als hypothetisches Ergebnis formuliert – dabei als *Anspruchsgrundlage vorangestellt (vgl. Ausarbeitung A I).*

Da es gewiß kein Problem der Arbeit war, herauszufinden, um welche Anspruchsgrundlage und um welchen Vertragstypus es sich hier handelt, wäre ein separater Satz wie »V könnte gegen M einen Anspruch auf Zahlung von 800,– DM aus § 535 S. 2 haben« zu schematisch gewesen. Indem man die Voraussetzungen (wie in der *Ausarbeitung unter A I* geschehen) des Anspruchs sofort nennt, steuert man direkt auf das Wesentliche zu.

2. Nunmehr ist zu prüfen, ob die Voraussetzungen tatsächlich vorliegen. Da – scheinbar – verschiedene Willenserklärungen der Vertragspartner (V = 800,– DM Mietzins, M = 400,– DM) vorliegen, ist der allgemeine Hinweis, daß ein Vertrag nur bei zwei kongruenten Willenserklärungen zustande kommt, nicht überflüssig *(vgl. Ausarbeitung A I 1);* denn nun ist zu prüfen, ob wirklich zwei objektiv verschiedene Willenserklärungen vorliegen, was zu einem Dissens führen würde *(vgl. Ausarbeitung A I 2).*

3. Bevor ein solcher Dissens bejaht werden kann, ist jedoch die objektive Bedeutung der Willenserklärungen zu ermitteln, d. h. zunächst des Angebots der V (nicht etwa handelt es sich um eine sog. »invitatio ad offerendum« der V! Diese wurde vielmehr von M gemacht = M fragte bei V an!), welches M, »ohne mit V nochmals über den Preis zu sprechen«, annahm. Die Willenserklärung der V ist also *auszulegen (vgl. Ausarbeitung A II 1).*

## A. Frage 1

I. V könnte gegen M einen Anspruch auf Zahlung von 800,– DM Mietzins aus § 535 S. 2 haben, wenn zwischen beiden ein Mietvertrag mit einem in dieser Höhe vereinbarten Mietzins zustande gekommen wäre.

1. Ein Mietvertrag läge vor, wenn V und M zwei sich deckende Willenserklärungen abgegeben hätten, wenn V also ein Angebot über 800,– DM abgegeben und M dieses angenommen hätte.

2. Für sich betrachtet scheint das Angebot der V mehrdeutbar: entweder 10 × 40,– DM pro Doppelzimmer oder 10 × 40,– DM pro Person. Da M von ersterem, V aber von letzterem ausging, könnte man an einen Dissens denken mit der Folge, daß der Vertrag im Zweifel nicht geschlossen wäre (§§ 154, 155).

Ein »offener Dissens« i. S. v. § 154 kommt nicht in Betracht, da dieser voraussetzt, daß die Parteien sich »bewußt uneinig« sind, während V und M überzeugt waren, die Preisfrage sei geregelt. Allenfalls könnte ein »versteckter Dissens« gem. § 155 vorliegen. Dieser betrifft den Fall, daß die Parteien irrtümlich glauben, vollständig einig zu sein. Dann müßten beide Seiten nicht nur Verschiedenes gewollt, sondern auch tatsächlich erklärt haben. Ist dagegen der objektive Erklärungswert beider Willenserklärungen kongruent, liegt kein Dissens vor.

II. Dieser objektive Erklärungswert ist daher zu ermitteln, bevor ein Dissens angenommen werden kann; die beiden Willenserklärungen der Parteien müssen auf Übereinstimmung oder Auseinandergehen untersucht, d. h. gem. §§ 133, 157 ausgelegt werden.

1. Zu prüfen ist dabei, wie der Empfänger die Erklärung verstehen durfte bzw. mußte. Maßgeblich ist der objektive Erklärungsinhalt und der wirkliche Wille des Erklärenden unter Berücksichtigung von Treu und Glauben und der Verkehrssitte vom Standpunkt eines objektiven Erklärungsempfängers aus. Der wirkliche Wille der V war eindeutig auf insgesamt 800,– DM Mietzins gerichtet. Da es in der Hotelbranche Verkehrssitte ist, Doppelzimmer preislich pro Person anzubieten, lautete das Angebot der V auch aus der Sicht eines

4. Ist die Auslegung vollzogen, wobei jeder Hinweis im Sachverhalt beachtet werden mußte, sind nach Feststellung des Ergebnisses der Auslegung dessen Folgen darzulegen *(Ausarbeitung A II 2)*. (Hier wurde es Ihnen dadurch einfach gemacht, daß angegeben wurde, welches die Verkehrssitte bei Zimmervermietungen in der Hotelbranche ist. In dem – hier ergänzten – Originaltext bei *Diederichsen*, a.a.O., mußte man dies selbst herausfinden!)

## II. Frage 2

Aufgrund dieser Fragestellung hätte man die richtige Antwort auf Frage 1 (800,– DM) schon ahnen müssen: Wäre der Mietvertrag zu 400,– DM zustande gekommen, wie M meint, wäre eine Anfechtung durch M sinnlos. Wären die beiden Fallfragen nicht so konkret gestellt worden, sondern hätte es statt dessen z. B. geheißen: »Wer hat recht?«, hätte man nach Feststellung des zunächst entstandenen Anspruchs der V von selbst auf die Möglichkeit der Anfechtung durch M kommen müssen.

Es waren deshalb keine schwierigen Überlegungen notwendig, sondern es kam lediglich darauf an, daß man eine sorgfältige Prüfung der Anfechtungsvoraussetzungen vornahm *(vgl. Ausarbeitung B)*. Nach den Folgen der Anfechtung sowie den Durchführungsvoraussetzungen für eine ordnungsgemäße Anfechtung war zwar nicht mehr direkt gefragt, es schadet aber nicht, wenn diese – in so knapper Form wie hier – kurz dargelegt werden.

Überflüssig war es bei dieser konkreten Fragestellung aber, noch eventuelle Ansprüche der V gegen M aus § 812 zu prüfen. Ebensowenig war nach einem möglichen Anspruch der V aus § 122 gefragt.

*Zur Vertiefung*


| | |
|---|---|
| *Alpmann* u. *Schmidt* | BGB AT 1; S. 88–91 (u. 104–153) |
| *Brox*, H. | Der Allgemeine Teil des Bürgerlichen Gesetzbuches; §§ (16–20), 11, 6 |
| *Diederichsen*, U. | Die BGB-Klausur; S. 121–124 |
| *Larenz*, K. | Allgemeiner Teil des deutschen Bürgerlichen Rechts; §§ (20), 27 III, 19 II |
| *Löwisch*, M. | Der Allgemeine Teil des BGB; §§ 10, (11) |
| *Wörlen*, R. | Bd. I; S. 170–177 u. 124–147 |

objektiven Erklärungsempfängers: 80,– DM pro Nacht für das Doppelzimmer.

2. Subjektive Vorstellungen der M sind dabei nicht maßgeblich, vielmehr hat M, »ohne nochmals mit V über den Preis zu sprechen«, deren Angebot zumindest konkludent angenommen. Objektiv stimmen Angebot und Annahme überein, ein Dissens liegt nicht vor. Der Vertrag ist zu einem Gesamtmietzins von 800,– DM für 10 Übernachtungen zustande gekommen. Das Verlangen der V ist begründet. Sie hat gegen M einen Anspruch auf Zahlung von 800,– DM gem. § 535 S. 2.

## B. Frage 2

M kann den Vertrag anfechten, wenn sie einen Anfechtungsgrund i. S. d. §§ 119 ff. hat. In Betracht kommt ein Erklärungs- oder ein Inhaltsirrtum i. S. v. § 119 Abs. 1. Da M nicht ein anderes Erklärungszeichen benutzte, als sie wollte, scheidet ein Erklärungsirrtum aus. M irrte vielmehr über die Bedeutung des Inhalts dessen, was sie erklärte. Sie erklärte: »Doppelzimmer zu 40,– DM« im Glauben, 40,– DM für die Übernachtung von zwei Personen zahlen zu müssen, während diese Erklärung tatsächlich bedeutete »40,– DM pro Person«. Somit liegt ein Inhaltsirrtum vor und damit ein Anfechtungsgrund i. S. v. § 119 Abs. 1 1. Alt. M kann den Vertrag anfechten mit der Folge, daß der Vertrag – sofern die übrigen Anfechtungsvoraussetzungen [Anfechtungserklärung gegenüber dem richtigen Anfechtungsgegner (§ 143) und Einhaltung der Anfechtungsfrist (§ 121)] erfüllt werden – gem. § 142 Abs. 1 von Anfang an nichtig ist.

# Fall 8

*Raum für eigene Notizen:*

# Fall 9 Leistungsstörungen: Unmöglichkeit, Gattungsschuld

K kauft beim Obsthändler V einen Zentner »Delicius«-Äpfel. Die Vertragspartner vereinbaren, daß V die Äpfel auf Kosten des K an diesen versenden soll. V gibt die Äpfel ordnungsgemäß verpackt als Bahnfracht auf. Unterwegs geht die Ware verloren, ohne daß V ein Verschulden daran trifft. K verlangt Lieferung eines neuen Zentners »Delicius«-Äpfel (nach *Schmitz,* JuS 1973, S. 298).

Zu Recht?

(Bearbeitungszeit: 1 Std.)

## Besondere Vorüberlegungen

*(gehören nicht in die Ausarbeitung)*

1. »*Wer* will *von wem was, warum, woraus?*«

K will von V Lieferung eines Zentners Delicius-Äpfel, weil er meint, daß V auch nach dem Verlust der abgesandten Bahnfracht zur Lieferung verpflichtet sei. Rechtlich bedeutet Lieferung der Kaufsache: Übergabe und Eigentumsverschaffung dieser Sache. Diese Rechtsfolge enthält § 433 Abs. 1 S. 1. Diese Vorschrift kommt als *Anspruchsgrundlage* für das Verlangen des K in Betracht und ist – als hypothetisches Ergebnis formuliert – der Fallösung voranzustellen *(vgl. Ausarbeitung 1).*

2. *Prüfung der Voraussetzungen der Anspruchsgrundlage*

Für einen Anspruch aus Vertrag ist bekanntlich sein wirksames Zustandekommen Voraussetzung = Angebot und Annahme; jedoch nur darüber auslassen, wenn Sachverhalt dazu wirklich Anlaß gibt, z. B. wenn Hinweis auf Geschäftsunfähigkeit eines Partners oder Anzeichen von Sittenwidrigkeit (§ 138) oder sonstige Nichtigkeitsgründe vorliegen.

In unserem Fall unproblematisch (Formulierung Sachverhalt: »kauft«), daher genügt ein kurzer Satz dazu (vgl. Ausarbeitung +).

3. a) Liegen Voraussetzungen nicht vor, ist Anspruch nicht entstanden = Prüfung abbrechen, nächste in Betracht kommende Anspruchsgrundlage prüfen.

b) Liegen – wie hier – Voraussetzungen vor, ist *Rechtsfolge,* daß der Anspruch besteht; es sei denn, Anspruchsgegner kann Einwendung entgegenhalten, die Anspruch zum Erlöschen bringt (sog. »Regel-Ausnahme-Prinzip«) *(vgl. Ausarbeitung unter 2).*

c) Prüfung der Voraussetzungen der in Betracht kommenden Einwendungen *(Ausarbeitung 2 a–b* = »Regel-Ausnahme«).

4. a) Wenn Voraussetzungen der Einwendung nicht vorliegen, ist Anspruch begründet, d. h., nicht erloschen.

b) Wenn Voraussetzungen vorliegen, prüfen, ob nicht der Anspruchsteller sich auf Vorschriften stützen kann, die wiederum die Einwendung des Anspruchsgegners vernichten könnten *(Ausarbeitung 2 c).* (Dabei immer Bezug zum Fall halten, d. h., nur das prüfen, was für die Lösung von Bedeutung ist; z. B. wäre es überflüssig gewesen, Hol- oder Bringschuld ausführlich zu definieren – ebenso wie es z. B. oben überflüssig gewesen wäre, lange und breite Ausführungen darüber zu machen, daß ein Vertrag durch zwei wirksame Willenserklärungen, Angebot und Annahme, zustande kommt, etc. etc.)

1. K könnte gegen V einen Anspruch auf Lieferung eines Zentners Delicius-Äpfel gem. § 433 Abs. 1 S. 1 haben.
+) Voraussetzung für diesen Anspruch ist ein wirksamer Kaufvertrag, welcher zwischen K und V geschlossen wurde. Der Anspruch des K gegen V gem. § 433 Abs. 1 S. 1 ist danach entstanden.

2. Der Anspruch könnte jedoch gem. § 275 Abs. 1 erloschen sein, da die Leistungsverpflichtung des V wegen des Verlustes der Ware entfallen sein könnte.

a) Grundsätzlich wird der Schuldner, dessen Leistung infolge eines Umstandes, den er – wie hier – mangels Verschuldens i. S. d. § 276 nicht zu vertreten hat, objektiv unmöglich wird, gem. § 275 Abs. 1 von der Verpflichtung zur Leistung frei.

b) Ob objektive Unmöglichkeit der Leistung des V vorliegt, richtet sich nach der Art der vereinbarten Leistung hinsichtlich des Leistungs*gegenstandes.* Bei einem Zentner Delicius-Äpfeln, die ein Obsthändler zu liefern hat, handelt es sich grundsätzlich um eine Gattungsschuld i. S. d. § 243 Abs. 1. Danach hat V nicht einzelne, ganz konkret bestimmte Delicius-Äpfel zu liefern, sondern eine bestimmte Menge (einen Zentner) solcher Äpfel von mittlerer Art und Güte. Eine derartige Leistung des V ist nicht unmöglich geworden, da er sich einen Zentner Delicius-Äpfel jederzeit andernorts beschaffen könnte.

Gem. § 279 bleibt V zur Lieferung der Äpfel auch dann verpflichtet, wenn ihn an dem Verlust kein Verschulden trifft.

c) § 279 greift jedoch nicht ein, wenn sich die ursprüngliche Gattungsschuld des V bereits gem. § 243 Abs. 2 zur Stückschuld konkretisiert hat. Ob dies der Fall ist, hängt von dem Inhalt des Schuldverhältnisses ab, d. h., welche Art der Schuld hinsichtlich des Leistungs*ortes,* z. B. Bring-, Schick- oder Holschuld, die Vertragspartner vereinbart haben. Hier haben V und K eine Schickschuld vereinbart, da V die Ware auf Kosten des K an dessen Wohnsitz senden sollte. Bei der Schickschuld konkretisiert sich die Gattungsschuld zur Stückschuld, wenn der Schuldner die Sache ordnungsgemäß abgesandt hat (arg. aus § 447). Dies ist im vorliegenden Fall durch Aufgabe der Äpfel als ordnungsgemäß verpackte Bahnfracht geschehen. Somit hatte V bereits alles zur Leistung der Äpfel seinerseits Erforderliche

c) Ergebnis des Gutachtens in einem Satz unter Beantwortung der Fallfrage festhalten. (Gefragt ist hier *nur* nach dem Anspruch auf Lieferung!). *(Vgl. Ausarbeitung 2 c + +.)*

*Zur Vertiefung*

| | |
|---|---|
| *Alpmann* u. *Schmidt* | Schuldrecht AT 1; S. 103–150 |
| *Brox,* H. | Allg. Schuldrecht; Rdnr. 90–93, 230–252 |
| *Fikentscher,* W. | Das Schuldrecht; §§ 28, 29, 35, 43, 44 |
| *Larenz,* K. | Lehrbuch des Schuldrechts, Band 1; §§ 11 I, 21 I |
| *Löwisch,* M. | Schuldrecht – Allg. Teil; § 3 |
| *Medicus,* D. | Schuldrecht I, Allg. Teil; §§ 19 I–IV, 33 |
| *Wörlen,* R. | Bd. II; S. 32–41, 68–89 |

getan. Gem. § 243 Abs. 2 beschränkte sich das Schuldverhältnis nur noch auf einen konkret bestimmten Zentner Delicius-Äpfel, nämlich den von V zur Bahn gebrachten. Die Lieferung *dieser* Äpfel ist dem V objektiv unmöglich geworden. Da ihn daran kein Verschulden trifft (s. o.), liegen die Voraussetzungen von § 275 Abs. 1 vor, d. h., V wurde von seiner Verpflichtung zur Leistung frei.

+ +) Der Anspruch des K aus § 433 Abs. 1 ist erloschen; K verlangt die Lieferung zu Unrecht.

## Fall 9

*Raum für eigene Notizen:*

# Fall 10 Leistungsstörungen: Unmöglichkeit, Gläubigerverzug

Privatier A aus Freiburg bestellte im März bei dem Weingut B in Breisach 50 Flaschen Weißwein »Kaiserstühler Tränenberg«. Es wurde vereinbart, daß B den Wein am 11. 5. persönlich liefern und A ihn gleich bei Lieferung bezahlen sollte. Am 1. 5. reiste A für 4 Wochen zur Erholung nach Spanien. Die Weinbestellung hatte er vergessen. Als B den Wein am 11. 5. mit seinem Lieferwagen zur Wohnung des A brachte, fand er diese verschlossen und erfuhr von den Nachbarn, daß A erst in 14 Tagen wieder zurückkommen werde. Aus Ärger über die nutzlose Fahrt fuhr er auf dem Rückweg etwas zu schnell und konnte deshalb den Zusammenstoß mit einem auf der falschen Straßenseite entgegenkommenden Wagen, dessen Fahrer betrunken war, nicht mehr verhindern. Bei dem Unfall gingen die 50 Flaschen Wein zu Bruch.

A, vom Urlaub zurückgekehrt, besteht auf Lieferung des bestellten Weines, B dagegen verlangt Bezahlung, ohne nochmals liefern zu wollen.

Wer hat recht?

(Bearbeitungszeit: 2 Std.)

## I. Ansprüche A gegen B

### Besondere Vorüberlegungen

*(gehören nicht in die Klausur-Überarbeitung)*

1. *Ausgangsfrage: »Wer* will *von wem was, warum, woraus?«*

Die allgemeine, bei jeder Klausur-Lösung zu berücksichtigende Frage ist nun unter Heranziehung der speziellen Fallfrage auf den vorliegenden Sachverhalt zu übertragen und zu beantworten. Die Fallfrage »Wer hat recht?« ist noch konkretisierungsbedürftig, d. h. hier: »Wer von den beiden Beteiligten hat einen (welchen) Anspruch gegen den anderen?« Da beide – A und B – etwas verlangen, ergeben sich zwei Fragen:
(1) Kann A von B Lieferung
oder
(2) Kann B von A Bezahlung des Weines verlangen?
– Da der Sachverhalt keinen besonderen Anlaß dazu gibt, die Reihenfolge der Ansprüche zu ändern, ist die von der Fallfrage in Verbindung mit den beiden vorhergehenden Sätzen vorgegebene Reihenfolge [(I) A gegen B, (II) B gegen A] einzuhalten. –

Die Beantwortung der allgemeinen Ausgangsfrage, übertragen auf den Sachverhalt in Verbindung mit der speziellen Fallfrage, ergibt somit zu I: A (»wer«) will von B (»von wem«) Lieferung des Weines (»was«), weil er glaubt, daß zwischen ihm und B ein Kaufvertrag zustande gekommen sei (»warum«), aus dem (»woraus«) B zur Lieferung verpflichtet sei. Lieferung einer Sache im juristischen Sinne bedeutet »Übergabe und Verschaffung des Eigentums« an der Sache. Diese Rechtsfolge ist in § 433 Abs. 1 S. 1 geregelt.

Diese Vorschrift ist *Anspruchsgrundlage,* aus der A sein Begehren herleiten könnte und – als hypothetisches Ergebnis formuliert – der Ausarbeitung *voranzustellen (vgl. Ausarbeitung I).*

2. *Prüfung der Voraussetzungen der Anspruchsgrundlage*

Da ein Kaufangebot nicht ausdrücklich im Sachverhalt angesprochen wird – es ist nur von »Bestellung« die Rede –, ist ein kurzer Satz zu Angebot und Annahme erforderlich *(vgl. Ausarbeitung I 1).* Mehr aber auch nicht, da der Vertragsschluß unter den Parteien nicht streitig ist: Beide wollen ja Erfüllung dieses Vertrages!

3. a) Liegen die Voraussetzungen nicht vor, ist der Anspruch nicht entstanden = Prüfung abbrechen und nächste in Betracht kommende Anspruchsgrundlage prüfen (hier nicht einschlägig).

b) Liegen – wie hier – die Voraussetzungen vor, ist Rechtsfolge, daß der Anspruch besteht *(vgl. Ausarbeitung I 1 +).*

Nunmehr ist zu überlegen, ob der Anspruchsgegner (hier B) Einwände entgegenhalten kann, die den Anspruch zum Erlöschen bringen können. Der Bearbeiter muß sich in die Lage des B versetzen. Allein der Annahmeverzug des A, an den man beim Lesen des Sachverhalts sofort denken mag, beseitigt die Lieferpflicht des B noch nicht

*Raum für eigene Notizen:*

---

I. A könnte gegen B einen Anspruch auf Lieferung des bestellten Weines aus § 433 Abs. 1 S. 1 haben.

1. Voraussetzung ist, daß zwischen A und B ein wirksamer Kaufvertrag geschlossen wurde. Das dazu erforderliche Angebot i. S. v. §§ 145 ff. liegt in der Bestellung des A; die Annahme durch B erfolgt mit Vereinbarung der Lieferungsbedingungen.
+) Der Anspruch des A gem. § 433 Abs. 1 S. 1 ist somit entstanden.

= Argument aus § 304, der die Möglichkeit der Lieferung des geschuldeten Gegenstandes voraussetzt.

*Merke:* Keine Vorschrift der §§ 293 ff. *(»Gläubigerverzug«)* ergibt, daß der Lieferungsanspruch des Gläubigers bzw. die Leistungspflicht des Schuldners entfällt!

Als Vorschrift, nach der B von der Leistung frei werden kann, kommt nur § 275 in Betracht. Ganz unpassend (und falsch) wäre es, § 325 zu prüfen, da daraus kein Recht des Schuldners (B) zur Nichterfüllung folgt, sondern ein Recht des Gläubigers (A), Ersatz für die unmöglich gewordene Erfüllung zu verlangen.

c) In der Klausur sind diese Überlegungen selbstverständlich nicht auszusprechen; vielmehr ist sofort die mögliche Einwendung des Anspruchsgegners zu zitieren, wobei es sinnvoll ist, gleich auch ihre Voraussetzungen zu nennen *(vgl. Ausarbeitung I 2).*

Diese Voraussetzungen sind nun zu prüfen: Nachträgliche Unmöglichkeit und Nichtvertretenmüssen *(vgl. Ausarbeitung I 2 a–d).* Dabei Schritt für Schritt vorgehen und den Sachverhalt unter rechtliche Begriffe subsumieren: Unmöglichkeit grundsätzlich nur bei Stückschuld, nicht bei Gattungsschuld; liegt Gattungsschuld vor, Konkretisierung zur Stückschuld möglich; Zeitpunkt der Konkretisierung richtet sich nach Art der Erfüllung (Schick-, Bring-, Holschuld) . . .

2. Der Anspruch des A könnte aber erloschen sein, wenn B die Lieferung aufgrund eines Umstandes unmöglich geworden ist, den er nicht zu vertreten hat (§ 275).

a) Unmöglichkeit der Lieferung könnte dadurch eingetreten sein, daß die von B am 11. 5. zu A gebrachten Flaschen Wein auf der Rückfahrt zerstört wurden.

Dann müßte es sich bei den 50 Flaschen Wein um eine Stückschuld handeln, da im Falle, daß es sich um eine Gattungsschuld i. S. d. § 243 Abs. 1 handeln würde, die Lieferung solcher Flaschen Wein gleicher Art und Güte objektiv noch möglich wäre. Auf eine subjektive Unmöglichkeit (Unvermögen) ohne sein Verschulden könnte B sich nicht berufen, da er dieses Unvermögen bei einer Gattungsschuld gem. § 279 ohne Rücksicht auf Verschulden immer zu vertreten hat.

b) Bei 50 Flaschen Weißwein einer bestimmten Sorte handelt es sich grundsätzlich um eine Gattungsschuld i. S. d. § 243 Abs. 1, da zunächst eine bestimmte Weinsorte mittlerer Art und Güte geschuldet wird. Gem. § 243 Abs. 2 wandelt sich aber die Gattungsschuld in eine Stückschuld um, wenn der Schuldner alles seinerseits Erforderliche getan hat, um seine Leistung zu erbringen.

c) Zu welchem Zeitpunkt diese Konkretisierung der Gattungsschuld zur Stückschuld eintritt, richtet sich nach dem Inhalt des vereinbarten Schuldverhältnisses hinsichtlich des Leistungs*ortes,* d. h., entscheidend ist, ob eine Bring-, Schick- oder Holschuld vereinbart wurde. Aus der Vereinbarung, daß B dem A den Wein persönlich liefern sollte, ist auf eine Bringschuld zu schließen. Danach hatte B mit der versuchten Lieferung am 11. 5. das seinerseits Erforderliche getan, um seine Leistung zu erbringen. Somit hat sich die Gattungsschuld vor der Zerstörung der Flaschen bei dem Unfall zur Stückschuld konkretisiert (§ 243 Abs. 2). Die Lieferung *dieser* 50 Flaschen Wein ist dem B nachträglich unmöglich geworden, so daß § 275 Abs. 1 und nicht § 279 zur Anwendung kommt.

4. *Zu Ausarbeitung I 2 d:*

Das »Vertretenmüssen« des Schuldners wird erst relevant, wenn feststeht, daß nicht § 279, sondern § 275 anwendbar ist.

Die Grundregel des Vertretenmüssens (Verschuldens) enthält § 276. Auch hier gilt (wie immer!): Gesetz genau *lesen*! Die Formulierung in § 276 Abs. 1 »sofern nicht ein anderes bestimmt ist« führt zur Frage nach dem Eingreifen einer Sonderschrift, hier z. B. einer Verzugsvorschrift (vgl. § 300 Abs. 1). Erst an *dieser* Stelle wird der Verzug des A bedeutsam!

5. *Hinweis zu § 300 Abs. 1 (»grob fahrlässig«):*

Grobe Fahrlässigkeit bedeutet, daß die im Verkehr erforderliche Sorgfalt in besonders hohem Maße außer acht gelassen wird. Wenn dies bei B bejaht würde, so erschiene das etwas lebensfremd, zumal dann für »einfache« Fahrlässigkeit, die dem Schuldner im Verzug des Gläubigers gerade nicht vorzuwerfen ist, kein Platz mehr wäre *(Ausarbeitung I 2 d +).*

6. Wenn – wie hier – alle Voraussetzungen des Einwandes des Anspruchsgegners vorliegen, ist der zunächst entstandene Anspruch erloschen. Dieses Ergebnis im Gutachten festhalten *(Ausarbeitung I 2 d + +).*

– *Gedankliche Überprüfung des Ergebnisses:* Ist eine Vorschrift ersichtlich, die dem A einen Gegeneinwand gibt? (Hier nicht der Fall!)

## II. Ansprüche B gegen A

### Besondere Vorüberlegungen

1. *»Wer* will *von wem was, warum, woraus?«:*

B will von A Bezahlung des Weines, weil er glaubt, daß A trotz Nichtlieferung aufgrund des wirksamen Kaufvertrages aus § 433 Abs. 2 dazu verpflichtet sei.

2. Anspruchsgrundlage § 433 Abs. 2 voranstellen (*Ausarbeitung II).*

3. Voraussetzungen der Anspruchsgrundlage prüfen bzw. hier, da Kaufvertrag schon oben bejaht wurde, nur kurz auf ihr Vorliegen hinweisen *(Ausarbeitung II 1).*

4. Vorschrift suchen, die aus der Sicht des Anspruchs*gegners* (nun A) den Anspruch vernichten kann. Dabei den ganzen Fall im Auge behalten: Unmöglich wurde die Leistung des *B;* die Bezahlung ist also die *Gegenleistung* zur unmöglich gewordenen Leistung. Von dieser Gegenleistung ist nicht in §§ 275 ff., sondern nur in §§ 323 ff. die Rede!

d) Ob B die Unmöglichkeit zu vertreten hat, richtet sich grundsätzlich nach § 276, sofern nichts anderes bestimmt ist. Eine andere Bestimmung als § 276, wonach der Schuldner Vorsatz und jede Fahrlässigkeit zu vertreten hat, enthält § 300 Abs. 1. Danach hat der Schuldner nur Vorsatz und grobe Fahrlässigkeit zu vertreten, wenn sich der Gläubiger im Annahmeverzug befindet.

Annahmeverzug des A gem. § 293 liegt vor, da er die Leistung des B nicht angenommen hat; da für die Leistungshandlung des A mit dem 11. 5. eine Zeit nach dem Kalender bestimmt war, bedurfte es gem. § 296 keines Angebots durch B.

+) B handelte bei Eintritt der Unmöglichkeit auch nicht vorsätzlich oder grob fahrlässig, sondern nur leicht fahrlässig. Er fuhr lediglich »etwas zu schnell«, womit er die im Verkehr erforderliche Sorgfalt nicht in besonders hohem Maß außer acht gelassen hat, im Gegensatz zu seinem Unfallgegner, der unter Einfluß von Alkohol auf der falschen Straßenseite fuhr. Somit hat B die Unmöglichkeit nicht zu vertreten (arg. aus § 300 Abs. 1). Er wurde gem. § 275 von seiner Leistungsverpflichtung frei.

++) Der Anspruch des A auf Lieferung gem. § 433 Abs. 1 S. 1 ist deshalb erloschen.

II. Ein Anspruch des B gegen A auf Bezahlung des Weines könnte sich aus § 433 Abs. 2 ergeben.

1. Voraussetzung ist ein wirksamer Kaufvertrag, dessen Vorliegen bereits unter I 1 bejaht wurde. Der Zahlungsanspruch des B ist somit entstanden.

5. Da beide Beteiligten die Unmöglichkeit nicht zu vertreten haben (A hatte mit dem Unfall selbst überhaupt nichts zu tun), ist zunächst an § 323 zu denken *(Ausarbeitung II 2 a)*, sofern nicht eine Sondervorschrift eingreift: A war bezüglich der unmöglich gewordenen Leistung *Gläubiger* und als solcher in Annahmeverzug (s. o.), so daß § 324 Abs. 2 eingreift *(Ausarbeitung II 2 b)*.

6. Die Rechtsfolgen des § 324 Abs. 2 sind die gleichen wie die des § 324 Abs. 1. Das Vertretenmüssen durch A wird in diesem Fall sozusagen fingiert, so daß A zur Zahlung verpflichtet bleibt. Dieses Ergebnis ist abschließend zu formulieren *(Ausarbeitung II 2 c)*.

*Merke:* § 324 ist keine »Anspruchsgrundlage«, sondern nur eine *Rechtsfolgenregelung*, die besagt, daß unter bestimmten Voraussetzungen (= vom *Gläubiger* zu vertretende Unmöglichkeit der *Schuldner*leistung oder Annahmeverzug) der Anspruch des Schuldners auf die *Gegenleistung* bestehenbleibt. »Anspruchsgrundlage« ist – beim Kaufvertrag! – *allein* § 433 Abs. 2. Richtiges Zitat ist daher: ». . . Anspruch aus § 433 Abs. 2 i. V. m. § 324 Abs. 2«; noch besser: § 324 Abs. 2 nur im späteren Text des Gutachtens, nicht im Eingangssatz mit der Anspruchsgrundlage zitieren!

*Zur Vertiefung*

| | |
|---|---|
| *Alpmann* u. *Schmidt* | Schuldrecht AT 1; S. 95–102 (103–150) |
| *Brox*, H. | Allg. Schuldrecht; §§ 7, 11; 20, 21, 23 |
| *Fikentscher*, W. | Das Schuldrecht; §§ 43, 44, 46 |
| *Larenz*, K. | Lehrbuch des Schuldrechts, Band I; §§ (11 I), 14 IV, (21 I), 25 I u. II |
| *Löwisch*, M. | Schuldrecht – Allg. Teil; §§ (3), 9, 10 |
| *Medicus*, D. | Schuldrecht I, Allg. Teil; §§ 28, 33, 34, 36, 42, 43 |
| *Wörlen*, R. | Bd. II; S. 84–89 |

2. a) Fraglich ist, ob auch dieser Anspruch des B auf die Gegenleistung des A wegen der Unmöglichkeit der Leistung des B entfallen ist. Dies ist gem. § 323 Abs. 1 grundsätzlich der Fall, wenn keiner der Vertragspartner die Unmöglichkeit zu vertreten hat. Daß B die Unmöglichkeit nicht zu vertreten hat, wurde bereits festgestellt.

Auch ein Vertretenmüssen des A, der mit dem Unfall, bei dem die Flaschen zerstört wurden, überhaupt nichts zu tun hatte, ist nicht ersichtlich.

b) Hier ist jedoch zu berücksichtigen, daß A sich zu diesem Zeitpunkt als Glaubiger in Annahmeverzug (§ 293) befand.

Dieser Fall wird von § 324 Abs. 2 dem Fall des § 324 Abs. 1, wonach der Schuldner bei vom Gläubiger zu vertretender Unmöglichkeit den Anspruch auf die Gegenleistung behält, gleichgesetzt. Im Annahmeverzug trägt danach der Gläubiger die Preisgefahr (die gem. § 446 Abs. 1 grundsätzlich erst bei der Übergabe der Sache auf den Käufer übergeht) schon vor der Übergabe, nämlich mit Beginn des Annahmeverzuges.

c) Gem. § 324 Abs. 2 i. V. m. § 324 Abs. 1 bleibt der Zahlungsanspruch des B aus § 433 Abs. 2 bestehen. B verlangt somit die Zahlung – ohne nochmals liefern zu müssen – zu Recht.

## Fall 10

*Raum für eigene Notizen:*

# Fall 11 Leistungsstörungen: Unmöglichkeit; Aufrechnung

Der Landwirt Alfred Ammermüller aus Abenddorf kaufte am 3. März fernmündlich von dem Geflügelhändler Benno Bruch aus Berghausen, der ihn seit Jahren belieferte, 30 Junghühner der von Bruch gezüchteten Rasse New Hampshire zum Preis von 5,– DM pro Stück. Bruch sollte die Tiere versandfertig verkisten und die an Ammermüller adressierte Fracht bis spätestens 6. März ab Bahnhof Berghausen aufgeben; Zahlung war nach Erhalt der Sendung vereinbart.

Am Morgen des 6. März verlud Bruch die für Ammermüller bestimmten Posten in seinen Pkw-Anhänger, zusammen mit seinen restlichen verkaufsfähigen Jungtieren, die er an andere Kunden versenden wollte. Auf dem Weg zum Bahnhof kam es zu einem schweren, von Bruch unverschuldeten Unfall; sämtliche Hühner wurden getötet bzw. mußten noch am Unfallort notgeschlachtet werden. Die Versicherung des Unfallgegners bezahlte dem Bruch je Tier 6,50 DM.

Welche Ansprüche hat Ammermüller (A) gegen Bruch (B)?

(Bearbeitungszeit: 2 Std.)

## Besondere Vorüberlegungen

*(gehören nicht in die gutachtliche Ausarbeitung)*

1. (Suche nach der Anspruchsgrundlage:) »*Wer* will *von wem was, warum, woraus?*«

Auf den vorliegenden Sachverhalt übertragen ergibt die Beantwortung dieser Frage: A will von B in erster Linie Lieferung (Übereignung) von 30 Junghühnern, weil er meint, daß B dazu aufgrund des am 3. März geschlossenen Kaufvertrages verpflichtet sei. Die Rechtsfolge »Übereignung« (= Übergabe und Eigentumsverschaffung) enthält § 433 Abs. 1 S. 1, welcher als *Anspruchsgrundlage* der Ausarbeitung *voranzustellen* ist *(vgl. Ausarbeitung I).*

2. *Prüfung der Voraussetzungen der Anspruchsgrundlage*

Hier: Abschluß eines wirksamen Kaufvertrages gem. § 433, der lt. Sachverhalt (A »kaufte«) vorliegt. Ausführungen darüber, daß ein Vertrag durch Angebot und Annahme zustande kommt etc., sind daher überflüssig. Es genügt, den Vertragsschluß mit seinen grundsätzlichen Folgen kurz darzustellen *(vgl. Ausarbeitung I 1).* Liegen die Voraussetzungen – wie in unserem Fall – vor, so ist Rechtsfolge, daß der Anspruch besteht, sofern der Anspruchsgegner keine Einwendungen entgegenhalten kann, die den Anspruch zum Erlöschen bringen können (»Regel-Ausnahme-Prinzip«) *(vgl. Ausarbeitung I 2).*

3. Prüfung der Voraussetzung der möglichen Einwendung *(Ausarbeitung I 2 a–d).* Schwierigkeiten machte es einigen Bearbeitern zu erkennen, daß trotz Vorliegens einer Gattungsschuld Unmöglichkeit vorlag, weil es sich um eine Vorratsschuld *(vgl. Ausarbeitung I 2 c)* handelte.

I. Ammermüller (A) könnte gegen Bruch (B) einen Anspruch auf Übereignung der 30 Junghühner gem. § 433 Abs. 1 S. 1 haben.

1. Voraussetzung für diesen Anspruch ist, daß zwischen A und B ein wirksamer Kaufvertrag geschlossen wurde, was hier am 3. März geschehen ist. Der Anspruch des A gegen B gem. § 433 Abs. 1 S. 1 ist danach entstanden.

2. Der Anspruch könnte aber erloschen sein, wenn die Übereignung der Hühner dem B durch die Folgen des Unfalls unmöglich geworden ist und B die Unmöglichkeit nicht zu vertreten hat (§ 275 Abs. 1).

a) Ob (objektive) Unmöglichkeit vorliegt, richtet sich zunächst nach der Art der vereinbarten Leistung bezüglich des Leistungs*gegenstandes,* d. h. danach, ob eine Stück- oder Gattungsschuld vorliegt, da im letzteren Fall § 279 zur Anwendung käme. Bei Junghühnern aus einer bestimmten Rasse handelt es sich grundsätzlich um eine Gattungsschuld i. S. d. § 243 Abs. 1. B hat danach nicht einzelne, konkret bestimmte Junghühner seiner New-Hampshire-Zucht zu liefern, sondern eine bestimmte Menge (30) solcher Hühner mittlerer Art und Güte. Diese Leistung ist dem B nicht unmöglich geworden, da er sich 30 New-Hempshire-Junghühner jederzeit andernorts beschaffen könnte. Dies ist typisch für eine Gattungsschuld.

b) Möglicherweise hat sich diese Gattungsschuld aber bereits gem. § 243 Abs. 2 zur Stückschuld konkretisiert. Dies richtet sich nach der Art des vereinbarten Leistungs*ortes,* d. h. entscheidend ist, ob die Parteien eine Bring-, Schick- oder Holschuld vereinbart haben. Hier wurde eine Schickschuld vereinbart, da B die Ware an den Wohnsitz des A versenden sollte. Bei der Schickschuld konkretisiert sich die Gattungsschuld zur Stückschuld, wenn der Schuldner die Sache ordnungsgemäß abgesandt bzw. an einen Spediteur oder Frachtführer übergeben hat (arg. aus § 447 Abs. 1). Dies war jedoch noch nicht geschehen, da B sich bei Zerstörung der Ware noch auf dem Wege zum Bahnhof befand.

c) Bei den Junghühnern handelt es sich also nach wie vor um eine Gattungsschuld, bei der der Schuldner grundsätzlich verpflichtet ist, sich den geschuldeten Leistungsgegenstand andernorts zu beschaffen.

4. *Zu Ausarbeitung I 2 d:*

*Merke:* § 276 wird (»sofern nicht ein anderes bestimmt ist«) oft eingeschränkt oder erweitert durch Regeln der Haftung im Verzug (z. B. §§ 300 Abs. 1, 287).

5. Hätte der Sachverhalt den Hinweis auf eine Versicherungsleistung an B nicht enthalten, hätte die *Ausarbeitung* nach *I 2 d* beendet werden müssen.

Wenn ein Sachverhalt, bei dem es um eine unmöglich gewordene Leistung geht, keinen Hinweis auf eine Ersatzleistung an den Schuldner enthält, wäre es überflüssig (falsch), wenn ein Bearbeiter sich über das »stellvertretende commodum« i. S. d. § 281 ausließe. Dies wäre dann unnötige Wissensausbreitung, die häufig zusätzliche Fehlerquellen eröffnet.

Umgekehrt aber ist es ein schwerwiegender Fehler, wenn der Bearbeiter bei einem vorhandenen Hinweis auf eine Versicherungsleistung (= sozusagen der »Paradefall« für einen Anspruch aus § 281) auf einen Ersatzanspruch des Gläubigers nicht mehr eingeht. Hier war die Prüfung von § 281 geradezu »zwingend« *(vgl. Ausarbeitung II 1).*

6. *Zu Ausarbeitung II 2:*

§ 323 muß der Bearbeiter bei *gegenseitigen* Verträgen im Falle des § 281 immer »im Hinterkopf« haben!

*Merke:* Die *§§ 275 ff.* und *280 ff.* gelten für Verzug und Unmöglichkeit *bei allen Schuldverhältnissen,* die *§§ 320–327* enthalten zusätzliche, die allgemeinen Regeln bisweilen ausschließende (z. B. verdrängt § 325 den § 280!) *Sonderbestimmungen nur für gegenseitige Verträge.*

7. *Zu Ausarbeitung II 3:*

Die Aufrechnungslage konnte man hier nur erkennen, wenn man vorher richtig die Verpflichtung zur Gegenleistung des A aufgrund des § 323 erkannt hatte.

*Zur Vertiefung*

| | |
|---|---|
| *Alpmann* u. *Schmidt* | Schuldrecht AT 1; S. 103–150<br>Schuldrecht AT 2; S. 237–244 |
| *Brox,* H. | Allg. Schuldrecht; Rdnr. (90–93), 230–270, 177–191 |
| *Fikentscher,* W. | Das Schuldrecht; §§ 43, 44, 39 III |
| *Larenz,* K. | Lehrbuch des Schuldrechts, Bd. I; §§ (11 I), (21 I), 18 VI |
| *Löwisch,* M. | Schuldrecht – Allg. Teil; §§ (3, 10) |
| *Medicus,* D. | Schuldrecht I, Allg. Teil; §§ 28, 32, 26 |
| *Wörlen,* R. | Bd. II; S. 68–89, 46 |

Die Beschaffungspflicht ist allerdings bei der sog. »Vorratsschuld« beschränkt und besteht nur, solange der Vorrat reicht. Im vorliegenden Fall war vereinbart, daß B die 30 Junghühner aus der »von ihm gezüchteten« Rasse «New Hampshire« liefern sollte. Somit handelt es sich um eine Vorratsschuld. Da sämtliche verkaufsfähigen Junghühner untergegangen sind, ist die Lieferung der 30 Hühner aus dem Vorrat des B unmöglich, und zwar nachträglich objektiv unmöglich geworden. Es liegt also ein Fall des § 275 Abs. 1 vor.

d) Ob B diese Unmöglichkeit vertreten muß, richtet sich nach § 276, »sofern nicht ein anderes bestimmt ist«, was hier nicht ersichtlich ist. B hat danach Vorsatz und Fahrlässigkeit zu vertreten. Beides ist nicht gegeben: der Unfall war von B unverschuldet.

Damit sind beide Voraussetzungen des § 275 Abs. 1 erfüllt, mit der Folge, daß B von seiner Leistungspflicht frei wird und der Anspruch des A erloschen ist.

II. Ein Anspruch des A gegen B könnte sich indessen aus § 281 Abs. 1 ergeben.

1. Voraussetzung für diesen Anspruch ist, daß B für den geschuldeten Gegenstand einen Ersatz erlangt, und zwar infolge des Eintritts der Unmöglichkeit. Dies ist der Fall, da B pro Huhn 6,50 DM, also 195,– DM insgesamt für die geschuldeten 30 Hühner, erhalten hat. Gem. § 281 Abs. 1 kann A diesen Betrag von B verlangen.

2. Zu beachten ist jedoch, daß es sich beim Kaufvertrag um einen gegenseitigen Vertrag i. S. d. §§ 320 ff. handelt. Gem. § 323 Abs. 2 bleibt A, sofern er von der Möglichkeit des § 281 Abs. 1 Gebrauch macht, zur Gegenleistung, also zur Kaufpreiszahlung (30 × 5,– DM = 150,– DM), verpflichtet.

3. In diesem Fall schulden A und B einander Leistungen, die ihrem Gegenstand nach gleichartig (Geld), fällig und auch erfüllbar sind. Damit ist eine Aufrechnungslage gem. § 387 gegeben. A kann gem. § 388 mit seiner Forderung aus § 281 Abs. 1 gegenüber der nach § 323 Abs. 2 bestehenden Kaufpreisforderung des B die Aufrechnung erklären. Die Folge ist, daß in dieser Höhe die Forderung des A erlischt (§ 389), so daß er noch einen Rest von 45,– DM von B fordern kann.

## Fall 11

*Raum für eigene Notizen:*

# Fall 12 Leistungsstörungen: Unmöglichkeit, Schuldnerverzug, Haftung für Erfüllungsgehilfen, positive Vertragsverletzung

1. *Ausgangsfall:*

Der Kölner Jurastudent Andreas Apfelbacher (A) leiht dem Berthold Brillenberg (B) in Frechen sein neuwertiges Lehrbuch, Larenz, Schuldrecht, Allg. Teil. Ein bestimmter Rückgabetermin ist nicht vereinbart. Nach drei Monaten fordert A den B am 1. November auf, das Buch zurückzugeben, was B, nachlässig wie er ist, vergißt. Auch der erneuten Aufforderung des A am 15. November kommt B nicht nach.

Am 18. November wird in Abwesenheit des B seine Wohnung mit allem Inventar, unter dem sich auch der »Larenz« befindet, durch eine Gasexplosion völlig zerstört. Als B dies dem A mitteilt, erfährt er von A, daß auch dessen Wohnung am Tage vor der Explosion bei B, also am 17. November, durch einen Brand vernichtet wurde, ohne daß A irgendwas retten konnte. A verlangt von B 68,– DM, um sich einen neuen »Larenz« kaufen zu können.

Zu Recht?

2. *Bitte nehmen Sie zu folgenden Fragen mit kurzer Begründung Stellung:*

a) Wie wäre es, wenn der Brand bei A nicht am 17., sondern am 19. November stattgefunden hätte?

b) Ändert sich etwas an dem Anspruch des A gegen B, wenn die Explosion bei B am 18. November auf ein Verschulden der an diesem Tage dort tätigen Putzfrau des B zurückzuführen wäre?

c) Welchen Anspruch (ggf. beziffern) hat A gegen B, wenn B dem A das Buch nach der Aufforderung am 1. November zurückgibt und infolge eines durch Unachtsamkeit des B entstandenen riesigen Tintenflecks der Text auf mehreren Seiten unleserlich ist?

(Bearbeitungszeit: 3 Std.)

## I. Ausgangsfall

### Besondere Vorüberlegungen

*(gehören nicht in die gutachtliche Ausarbeitung)*

1. *Suche nach der Anspruchsgrundlage: »Wer* will *von wem was, warum, woraus?«*

Diese allgemeine, grundsätzlich bei jeder Klausur zu stellende Frage ist nun unter Heranziehung der speziellen Fallfrage auf den vorliegenden Sachverhalt zu übertragen und zu beantworten.

Das ergibt hier: A will von B 68,– DM (= Ersatz!) für einen neuen »Larenz«, weil das Buch, das er B geliehen hat, bei diesem zerstört wurde.

Als Anspruchsgrundlage für das Begehren des A kann nur eine Norm in Betracht kommen, aufgrund derer der Schuldner *Ersatz* zu leisten hat, weil er seine vertragliche Leistung (hier Rückgabe geliehener Sache) nicht mehr erbringen kann. Die Leistung ist dem Schuldner unmöglich geworden. In einem solchen Fall kann der Gläubiger, sofern weitere Voraussetzungen erfüllt sind, entweder über § 325 Abs. 1 – beim gegenseitigen Vertrag – oder gem. § 280 Abs. 1 – bei allen anderen Schuldverhältnissen – Schadensersatz wegen Nichterfüllung verlangen.

Dies will ganz offensichtlich auch A. Richtige *Anspruchsgrundlage* und – als hypothetisches Ergebnis formuliert – *dem Gutachten voranzustellen* ist daher § 280 Abs. 1.

Nicht unbedingt »falsch« war es, mit § 325 zu beginnen und dann mit einem Satz zu erwähnen, daß seine Anwendung an der Voraussetzung »gegenseitiger Vertrag« scheitert, da Leihe ein einseitig (genauer: unvollkommen zweiseitig) verpflichtender Vertrag ist. Besser aber war es, diese Überlegung nicht mehr in die Ausarbeitung zu nehmen und sofort mit § 280 Abs. 1 zu beginnen *(vgl. Ausarbeitung I).*

2. *Prüfung der Voraussetzungen der Anspruchsgrundlage*

Das sind bei § 280 Abs. 1:
(1) Schuldverhältnis, das nicht gegenseitiger Vertrag ist,
(2) Unmöglichkeit der Leistung des Schuldners,
(3) Vertretenmüssen der Unmöglichkeit durch den Schuldner.

Unter diese Voraussetzungen des § 280 Abs. 1 sind nun die Geschehnisse des Sachverhalts Schritt für Schritt zu subsumieren *(vgl. Ausarbeitung I 1–3 a).*

3. *Zu Ausarbeitung 3 b:*

Erst bei der Frage des Vertretenmüssens hat der Verzug des Schuldners Bedeutung. Vom Aufbau her falsch – da ohne jeden logischen Zusammenhang – war es daher, die Voraussetzungen des Verzuges z. B. schon vor Feststellen der Unmöglichkeit und des allgemeinen Verschuldensmaßstabs des § 276 Abs. 1, der durch die Einschränkung »sofern nicht ...« auf mögliche Haftungsbeschränkungen oder -erweiterungen hinweist, zu prüfen. Verzug ist also Voraussetzung für die Anwendung von § 287. Daher nächster Schritt: Voraussetzungen für Verzug (§ 284) prüfen *(Ausarbeitung I 3 b aa).*

## I. Ausgangsfall

A könnte gegen B einen Anspruch auf Zahlung von 68,– DM Schadensersatz gem. § 280 Abs. 1 haben.

1. Voraussetzung für diesen Anspruch ist zunächst, daß zwischen A und B ein Schuldverhältnis besteht, aus dem keine gegenseitigen Verpflichtungen folgen. Dies ist der zwischen A und B zustande gekommene Leihvertrag gem. §§ 598 ff.

2. Weiterhin ist erforderlich, daß eine Leistung des Schuldners B unmöglich geworden ist. Als solche kommt die Rückgabe gem. § 604 in Betracht.

Da das Buch bei der Explosion in der Wohnung des B völlig zerstört wurde, kann B seiner Rückgabeverpflichtung nicht mehr nachkommen. Es handelt sich um einen Fall nachträglicher (objektiver) Unmöglichkeit.

3. Schließlich müßte diese Unmöglichkeit gem. § 280 Abs. 1 auf einem Umstand beruhen, den der Schuldner B zu vertreten hat.

a) Grundsätzlich hat der Schuldner gem. § 276 Abs. 1 Vorsatz und Fahrlässigkeit zu vertreten. Beides ist im vorliegenden Fall, als das Buch bei B aufgrund der Explosion verbrennt, auf seiten des B nicht ersichtlich. Somit müßte B die Unmöglichkeit nicht vertreten, »sofern nicht ein anderes bestimmt ist« (vgl. § 276 Abs. 1 S. 1).

b) Eine andere Bestimmung zur Haftung wegen Unmöglichkeit der Leistung enthält § 287. Gem. § 287 S. 2 ist der Schuldner auch für die durch Zufall eintretende Unmöglichkeit der Leistung verantwortlich, wenn er sich zum Zeitpunkt des Eintritts der Unmöglichkeit in Verzug befunden hat.

aa) Mangels einer kalendermäßigen Bestimmung für den Zeitpunkt der Leistung i. S. d. § 284 Abs. 2 sind die Voraussetzungen des Verzuges nach § 284 Abs. 1 zu prüfen. Danach müßte die Leistung des B zunächst fällig sein. Grundsätzlich wird die Rückgabe geliehener Sachen beim Leihvertrag mit dem Ablauf der für die Leihe bestimm-

4. *Zu Ausarbeitung 3 b bb:*

Da § 287 S. 2, 2. HS von der Haftungserweiterung bei zufälliger Unmöglichkeit wieder eine Ausnahme vorsieht (Vorschriften immer *ganz* lesen!) und da der Sachverhalt den Hinweis enthält, daß die Wohnung des A bereits einen Tag vor der Zerstörung des Buches verbrannte, mußte geprüft werden, ob diese Ausnahme hier eingreift.

5. Viele Bearbeiter prüften übrigens, als es um das Vertretenmüssen der Unmöglichkeit durch B ging, die Frage, ob B gem. § 275 Abs. 1, wo von Vertretenmüssen der Unmöglichkeit die Rede ist, von seiner Leistungsverpflichtung frei geworden ist. Diese Prüfung war bei dieser Klausur verfehlt. Den A als Anspruchsteller interessiert nicht, ob B von der Rückgabeverpflichtung frei wurde, sondern ihn interessiert, ob er für die eintretende Unmöglichkeit Schadensersatz verlangen kann. Nicht das Schicksal der Rückgabeverpflichtung des B war zu prüfen, sondern die Frage nach der Schadensersatzpflicht des B zu beantworten. Eine solche kann sich aber niemals aus § 275 Abs. 1 ergeben, wohl aber aus § 280 Abs. 1, der *voraussetzt*, daß eine eingetretene Unmöglichkeit vom Schuldner zu vertreten ist. *Ob* der Schuldner etwas zu vertreten hat, regelt nicht § 275, sondern § 276. § 275 dagegen setzt – ebenso wie § 280 – die Prüfung des Vertretenmüssens nach § 276 bereits voraus und legt die Rechtsfolge für den Fall fest, daß diese Prüfung für den Schuldner günstig ausfällt, während § 280 Abs. 1 (s. o.) die Rechtsfolge eines für den Schuldner negativen Ergebnisses festlegt. Nach dem Eingreifen *dieser* Rechtsfolge ist im vorliegenden Fall gefragt.

ten Zeit fällig (§ 604 Abs. 1). Ist eine solche Zeit – wie hier – nicht bestimmt, so ist die Sache zurückzugeben, nachdem der Entleiher den sich aus dem Zweck der Leihe ergebenden Gebrauch gemacht hat (§ 604 Abs. 2 S. 1). Ob dies bei B der Fall ist, ist aus dem Sachverhalt nicht zu entnehmen. Da B jedoch das Buch schon seit drei Monaten hat, ist davon auszugehen, daß er den Gebrauch (= das Buch zu lesen bzw. durchzuarbeiten) hätte machen können. Unabhängig davon, ob B nun bereits Gebrauch von der Sache gemacht hat oder nicht, kann A daher gem. § 604 Abs. 2 S. 2 das Buch am 1. November zurückfordern. Durch seine entsprechende Aufforderung an diesem Tage ist die Leistung des B somit am 1. November fällig geworden.

In der erneuten Aufforderung durch A am 15. November ist deshalb die von § 284 Abs. 1 verlangte Mahnung zu sehen. Somit ist B im Sinne dieser Vorschrift am 15. November in Verzug gekommen. Dieser Verzug ist auch von B verschuldet (§§ 285, 276): Die Leistung des B unterblieb aufgrund von Vergeßlichkeit, d. h., B hat fahrlässig gehandelt.

bb) Da somit bei Eintritt der Unmöglichkeit am 18. November Schuldnerverzug des B vorlag, greift die besondere Haftungsvorschrift des § 287 S. 2 ein. Gem. § 287 S. 2 haftet B auch für zufälligen, d. h. von ihm nicht verschuldeten Untergang der Sache, es sei denn, daß der Schaden auch bei rechtzeitiger Leistung, also vor Eintritt der Unmöglichkeit, eingetreten wäre (§ 287 S. 2, 2. HS): Hätte B am 15. oder 16. November geleistet, wäre das Buch schon am 17. November bei A und nicht erst am 18. November bei B zerstört worden. Die Folge davon ist, daß B, obwohl er sich zum Zeitpunkt des Eintritts der Unmöglichkeit in Verzug befand, nicht haften muß.

A hat keinen Anspruch gegen B auf Schadensersatz der 68,– DM aus § 280 Abs. 1.

## II. Zusatzfragen

1. *Frage a:* Hier mußte erkannt werden, daß ein Brand bei A am 19. November nichts mehr daran ändern konnte, daß der Schadensersatzanspruch des A gem. § 280 Abs. 1 aufgrund der Zufallshaftung des § 287 Abs. 2, 1. HS am 18. November bereits entstanden war *(vgl. Ausarbeitung II 1).*

2. *Frage b:* Hier war zu prüfen, ob das Verschulden der Putzfrau dem B zugerechnet werden kann mit der Folge, daß die Einschränkung der Haftung für Zufall gem. § 287 S. 2, 2. HS ihm nicht mehr zugute kommen würde.

(Ob die Putzfrau selbst haftet, war nicht gefragt!)

Eine Haftung für Dritte ist im Rahmen eines Vertrages grundsätzlich möglich über § 278 *(vgl. Ausarbeitung II 2 a).*

## II. Zusatzfragen:

### *1. Frage a:*

In diesem Fall kann § 287 S. 2, 2. HS nicht zugunsten des B eingreifen, da hier der Schaden bei A (am 19. November) erst einen Tag *nach* Eintritt der Unmöglichkeit eingetreten wäre. Anders ausgedrückt: Der Schaden, der durch die Explosion bei B am 18. November eintrat, wäre nicht eingetreten, wenn B *rechtzeitig* (= vor dem 18. November) geleistet hätte. Der Schadensersatzanspruch des A gegen B war bereits am 18. November entstanden. Der einen Tag später folgende Brand in der Wohnung des A kann diesen Anspruch nicht mehr vernichten.

B haftet daher dem A gem. § 287 S. 2, 1. HS, d. h., er hat die Unmöglichkeit zu vertreten und ist gem. § 280 Abs. 1 zum Ersatz der 68,– DM verpflichtet. Der Umfang des Schadensersatzes ergibt sich aus § 249. Danach ist B verpflichtet, den Zustand herzustellen, der bestehen würde, wenn der zum Ersatz verpflichtende Umstand, also die Unmöglichkeit, nicht eingetreten wäre (§ 249 S. 1). Da die Herstellung dieses Zustandes nicht möglich ist (das verliehene Larenz-Exemplar ist unwiederbringlich zerstört), kann A gem. § 251 Abs. 1 Schadensersatz in Geld verlangen!

### *2. Frage b:*

a) Zu denken wäre an eine Haftung des B für das Verschulden der Putzfrau gem. § 276 in Verbindung mit § 278. Dann müßte die Putzfrau Erfüllungshilfe des B gewesen sein. Dies setzt voraus, daß sie *in Erfüllung* einer vertraglichen Pflicht des B aus dem Leihvertrag tätig geworden ist und dabei schuldhaft die Unmöglichkeit verursacht hat.

Dies war nicht der Fall; vielmehr wurde die Putzfrau nur *bei Gelegenheit* des zwischen A und B bestehenden Leihvertrages tätig, um gegenüber B ihre Pflichten aus dem mit ihm bestehenden Werkvertrag (§ 631) zu erfüllen.

§ 278 greift also nicht ein und kann zu keiner Änderung gegenüber dem Ausgangsfall führen.

Außerdem kommt als selbständige Anspruchsgrundlage noch § 831 Abs. 1 S. 1 für einen Schadensersatzanspruch des B in Betracht *(vgl. Ausarbeitung II 2 b).*

3. *Frage c:*

a) In dieser Abwandlung hat sich die Ausgangssituation völlig geändert. Im Gegensatz zum Ausgangsfall und den beiden ersten Abwandlungen ist weder das Buch zerstört worden noch B in Verzug gekommen. Er hat seine Pflicht zur Rückgabe pünktlich *erfüllt,* allerdings *schlecht,* da er das Buch beschädigt hat.

Zu suchen war nach einer *Anspruchsgrundlage* für A, die ihm »Schadensersatz wegen Schlechterfüllung« gewährt. Eine solche Norm ist weder in den spezialgesetzlichen Regeln zur Leihe noch im allgemeinen Schuldrecht des BGB vorhanden. Eine *vertragliche* Haftung (die immer vor einer deliktischen Handlung zu prüfen ist) war daher nur über das Institut der positiven Vertragsverletzung (pVV) möglich, die mit der Analogie zu §§ 242, 280, 286 bzw. (bei gegenseitigen Verträgen) §§ 325, 326 begründet wird.

PVV des Leihvertrages war daher als neue Anspruchsgrundlage der Fallösung voranzustellen *(Ausarbeitung II 3 a).*

b) Nun waren nach dem üblichen gutachtlichen Aufbau wieder die Voraussetzungen für das Durchgreifen des Anspruchs zu prüfen,
bei pVV also
(1) Vorliegen eines Schuldverhältnisses,
(2) objektive Sorgfaltspflichtverletzung (= vertragliche Nebenpflicht),
(3) Verschulden,
(4) Schaden.
*(Ausarbeitung II 3 a aa–dd)* . . .

b) Möglich ist aber, daß A gegen B einen Anspruch auf Schadensersatz aus § 831 Abs. 1 S. 1 hat.

Voraussetzung dazu ist zunächst, daß die Putzfrau als *Verrichtungshilfe* des B tätig wurde. Diese Eigenschaft der Putzfrau wird man im Verhätnis zu B bejahen müssen, da anzunehmen ist, daß sie im Rahmen ihrer Putzarbeiten *Weisungen* des B *unterworfen* ist.

Weiterhin müßte die Putzfrau dem A in Ausübung einer Verrichtung widerrechtlich einen Schaden zugefügt haben, d. h., erforderlich ist eine unerlaubte Handlung des Verrichtungsgehilfen i. S. v. § 823 Abs. 1, die dieser dem Dritten widerrechtlich zufügt.

Verschulden des Verrichtungsgehilfen ist dabei nicht erforderlich, da B als Geschäftsherr gem. § 831 für *eigenes* Verschulden bei der *Auswahl* oder der *Überwachung* des Gehilfen haftet. Eine unerlaubte Handlung liegt auf seiten der Putzfrau vor, da sie die zur Eigentumsverletzung führende Explosion verursacht hat. Die Voraussetzung einer Haftung des B aus § 831 Abs. 1 S. 1 auf Zahlung von 68,– DM Schadensersatz ist also gegeben. In diesem Fall ist der Anspruch des A begründet, sofern nicht dem B der sog. »Exkulpationsbeweis« gem. § 831 Abs. 1 S. 2 gelingt.

*3. Frage c:*

a) A könnte gegen B einen Anspruch auf Schadensersatz aus positiver Vertragsverletzung des Leihvertrages gem. §§ 242, 280, 286 analog i. V. m. § 604 haben.

Dann müßten folgende Voraussetzungen erfüllt sein:

aa) Zwischen A und B müßte ein Schuldverhältnis vorliegen. Da zwischen A und B ein wirksamer Leihvertrag im Sinne der §§ 598 ff. zustande gekommen ist, ist diese Voraussetzung erfüllt.

bb) Dem B müßte eine objektive Pflichtverletzung vorzuwerfen sein, die nicht zur Unmöglichkeit oder zum Verzug führte. B hatte außer den sich aus §§ 603 und 604 ergebenden Verpflichtungen selbstverständlich auch die Pflicht, das Buch sorgsam zu behandeln und unbeschädigt zurückzugeben. Diese vertragliche Nebenpflicht hat B verletzt, indem er das Buch zwar pünktlich, aber durch den Tintenfleck beschädigt, zurückgab.

cc) Die Pflichtverletzung des B geschah auch schuldhaft i. S. d. § 276 Abs. 1, da B unachtsam, also fahrlässig handelte.

und anschließend die Rechtsfolge (= Schadensersatz) festzuhalten. Für den Umfang des Schadensersatzes gilt § 249, auf den hier einzugehen war, da im Sachverhalt verlangt war, den Schadensersatz ggf. konkret zu beziffern! *(Ausarbeitung II 3 a ee).*

c) Liegt in der Sorgfaltspflichtverletzung auch eine Verletzung eines der geschützten Rechtsgüter des § 823 Abs. 1, so ist neben dem Anspruch aus pVV auch ein Anspruch aus unerlaubter Handlung möglich. § 823 Abs. 1 war daher ebenfalls zu prüfen *(vgl. Ausarbeitung II 3 b).*

Für den Umfang des Schadensersatzes gilt wieder § 249, wobei im Gutachten auf die vorstehenden Ausführungen dazu verwiesen werden kann.

d) *Exkurs:* Bei der Bestimmung des Schadensumfangs im Anschluß an die pVV behaupteten viele Bearbeiter – ohne es allerdings zu begründen –, hier handele es sich um einen »Vertrauensschaden«. Dies ist ohne nähere Erklärung nicht ausreichend. Zwar handelt es sich beim Schadensersatz aufgrund einer pVV nicht um ein reines Erfüllungsinteresse – wie z. B. bei § 280 Abs. 1 oder § 325 Abs. 1 –, da ja tatsächlich, wenn auch schlecht, erfüllt wurde. Andererseits kann man aber nicht von einem reinen Vertrauensinteresse – wie z. B. bei §§ 122, 307 oder bei der »culpa in contrahendo« (c.i.c. = Verschulden bei Vertragsschluß) – sprechen. Anders als in diesen Fällen wird im Falle der pVV nicht das Vertrauen auf den Bestand eines Rechtsgeschäftes, das nicht zustande kommt oder wegfällt, enttäuscht. Das Rechtsgeschäft bleibt vielmehr gültig; der entstandene Schaden beruht auf der Verletzung einer Neben- bzw. Schutzpflicht im Rahmen eines bestehenden Vertrages. Aus diesem Grunde spricht man hier besser von einem Schutz- oder Erhaltungsinteresse. So verstanden entspricht es dann dem »Vertrauensinteresse«: Geschützt ist das Vertrauen des Vertragspartners, daß ihm bei (durch) Vertragsschluß kein Schaden an anderen Rechtsgütern entsteht.

*Zur Vertiefung*

| | |
|---|---|
| *Alpmann* u. *Schmidt* | Schuldrecht AT 1; S. 151–174, 55–94<br>Schuldrecht AT 2; S. 207–222 |
| *Brox,* H. | Allgemeines Schuldrecht; Rdnr. (248–252), 271–282, 291–302 |
| *Fikentscher,* W. | Das Schuldrecht; §§ 45, 47, 54, 107 I |
| *Larenz,* K. | Lehrbuch des Schuldrechts, Bd. I; §§ 22 I, 23, I, II, § 24 I |
| *Löwisch,* M. | Schuldrecht – Allg. Teil; §§ 8, (10), 11 und 12 |
| *Medicus,* D. | Schuldrecht I, Allg. Teil; §§ 33–36, 40–45 |
| *Wörlen,* R. | Bd. II; 90–96, 51–63, 108–113, 253–256 |

dd) Dadurch, daß wegen des Tintenflecks einige Seiten des Buches unleserlich wurden, ist dem A auch ein Schaden entstanden, dessen Ersatz nicht über spezielle Schadensersatzanspruchsgrundlagen (z. B. aus Gewährleistungsrecht) möglich ist.

Somit ist ein Schadensersatzanspruch des A gegen B aus positiver Vertragsverletzung begründet.

ee) Für den Umfang des Schadensersatzes gilt § 249. Danach (S. 1) ist A so zu stellen, wie er bei ordnungsgemäßer Rückgabe ohne die geschehene Pflichtverletzung des B gestanden hätte, d. h., B muß ihm einen neuwertigen »Larenz« beschaffen bzw. A kann statt dessen gem. § 249 S. 2 die dazu erforderlichen 68,– DM verlangen.

b) In Betracht kommt schließlich auch ein Anspruch des A gegen B auf Schadensersatz gem. § 823 Abs. 1.

Indem B das dem A gehörende Buch aus Unachtsamkeit mit Tintenflecken versehen hat, hat er widerrechtlich und fahrlässig das Eigentum des B verletzt.

Die Voraussetzungen von § 823 Abs. 1 sind damit erfüllt. B muß dem A den daraus entstandenen Schaden ersetzen.

Für den Umfang des Schadens gilt wieder § 249 *(vgl. oben II 3 a ee).*

## Fall 12

*Raum für eigene Notizen:*

# Fall 13 Abstraktionsprinzip

V und K schließen am 18. 11. einen Kaufvertrag über ein wertvolles Buch zum Preis von 300,– DM. Die Übereignung des Buches und Geldes finden am 20. 11. statt.

Am 18. 11. ist V geisteskrank, am 20. 11. ist er wieder gesund.

1. Kann V das Buch von K herausverlangen? Wenn ja, welche Gegenansprüche hat K?

2. Wie ist die Rechtslage, wenn V

   a) am 18. 11. voll geschäftsfähig, am 20. 11 aber geisteskrank war,

   b) an beiden Tagen geisteskrank war?

(Bearbeitungszeit: 2 Std.)

## Vorbemerkung

Dieser scheinbar inhaltsleere Sachverhalt, der Gegenstand einer Übungsklausur am Ende eines 1. Semesters war, wurde gewählt, um dem Anfänger Gelegenheit zu geben, sich eines der wichtigsten Prinzipien des Bürgerlichen Gesetzbuches klarzumachen, das sog. *Abstraktionsprinzip.* Darunter versteht man die völlige rechtliche Trennung von Verpflichtungs- und Verfügungsgeschäft. Für eine Klausur, in der es um Verpflichtungen (z. B. aus Kaufvertrag) und um Erfüllung dieser Verpflichtungen (z. B. in Form der Übereignung einer Sache) geht, bedeutet das: Die Voraussetzungen für die Wirksamkeit des Kaufvertrages müssen vollkommen selbständig erörtert werden und haben nichts damit zu tun, ob die Kaufsache bereits übereignet wurde oder nicht.

Umgekehrt ist die Eigentumslage gänzlich unabhängig davon zu beurteilen, ob der zugrundeliegende Kaufvertrag wirksam ist oder nicht.

So einfach der vorliegende Sachverhalt auf den ersten Blick auch erscheint (und tatsächlich ist), dem Anfänger, der das Abstraktionsprinzip noch nicht beherrscht, bereitet er unerwartete Schwierigkeiten: Viele Bearbeiter/innen begannen ihre gutachtliche Prüfung mit der Frage nach Ansprüchen des V gegen K *aus* dem Kaufvertrag! Ansprüche aus dem Vertrag sind hier aber schon deswegen »uninteressant«, weil beide Parteien den *Vertrag schon erfüllt* haben: Die Übereignung des Buches und des Kaufpreises (§ 929) fanden bereits statt!

## Besondere Vorüberlegungen

*(gehören nicht in die Ausarbeitung)*

### Zu Frage 1:

1. Die Ausgangsfrage »*Wer* will *von wem was, warum, woraus?*« ist durch die erste Fallfrage schon teilweise auf den Sachverhalt übertragen, d. h.: V will von K Herausgabe des Buches. Nicht ganz einfach war es festzustellen, *woraus* V diesen Anspruch herleiten kann. Die Rechtsfolge »Herausgabe« ist unter anderem in den auch Erstsemestern nach einiger Zeit in ihren Grundzügen bekannten Anspruchsgrundlagen § 985 und § 812 geregelt (auf die anfangs weniger bekannten Anspruchsgrundlagen § 861 und § 1007 wird hier aus Vereinfachungsgründen nicht eingegangen). Sinnvollerweise beginnt man mit der Prüfung von § 985, da das Eigentum als absolutes, gegen jedermann wirkendes Recht grundsätzlich den »stärkeren« Anspruch gibt als ein obligatorischer (schuldrechtlicher) Anspruch, wie ihn § 812 enthält.

§ 985 wird also als *Anspruchsgrundlage* dem Gutachten *vorangestellt (vgl. Ausarbeitung A I).*

Dann sind die *Voraussetzungen* von § 985 zu prüfen. Voraussetzung ist zunächst die Eigentümerstellung des Anspruchstellers. Liegt sie nicht vor, ist der Anspruch nicht begründet. Dabei ist für den Eigentumsübergang das Bestehen oder Nichtbestehen eines Kaufvertrages völlig unerheblich *(vgl. Ausarbeitung A 1 u. 2).*

2. Nun ist die nächste in Betracht kommende Anspruchsgrundlage, § 812 Abs. 1 S. 1, 1. Alt. zu prüfen *(Ausarbeitung A II).* Dabei ist das Vorliegen ihrer Voraussetzungen wieder Schritt für Schritt zu untersuchen (subsumieren)! *(Ausarbeitung A II 1 a–c)*

**Zu Frage 1:**

*A. Ansprüche des V gegen K*

I. V könnte gegen K einen Anspruch auf Herausgabe des Buches gem. § 985 haben.

1. Voraussetzung ist zunächst, daß V Eigentümer des Buches ist. Ursprünglich war V Eigentümer des Buches; er hat das Eigentum jedoch am 20. 11. gem. § 929 S. 1 auf K übertragen: V war am 20. 11. »gesund«, also nicht mehr geisteskrank, so daß seine Einigungserklärung im Sinne des § 929 S. 1 voll wirksam war. Unerheblich für den Eigentumsübergang ist, ob auch das zugrundeliegende Verpflichtungsgeschäft, der Kaufvertrag, wirksam ist, da dieses neben dem dinglichen Verfügungsgeschäft rechtlich völlig selbständig ist (Abstraktionsprinzip).

2. K ist somit gem. § 929 S. 1 Eigentümer des Buches geworden. Ein Anspruch des V gegen K aus § 985 besteht nicht.

II. Ein Anspruch auf Herausgabe des Buches könnte sich aber aus § 812 Abs. 1 S. 1, 1. Alt. ergeben.

1. Grundsätzlich müssen dazu folgende Voraussetzungen erfüllt sein:

a) K müßte *»etwas erlangt«* haben. K hat Eigentum (s. o. § 929 S. 1) und Besitz (§ 854) an dem Buch erlangt.

b) Dies müßte durch eine *Leistung* des V geschehen sein. »Leistung« ist jede bewußte, gewollte und zweckgerichtete Vermögensmehrung. Eine Vermögensmehrung lag vor, nachdem V dem K am 20. 11. das Buch zum Zwecke der Erfüllung des Kaufvertrages *übereignet* hatte.

c) Schließlich müßte K das Buch *»ohne rechtlichen Grund«* erlangt haben. Als rechtlicher Grund kommt der am 18. 11. geschlossene Kaufvertrag in Betracht. An diesem Tag war V geisteskrank und deshalb geschäftsunfähig (§ 104 Nr. 2). Somit sind seine zu diesem Zeitpunkt abgegebenen Willenserklärungen gem. § 105 Abs. 1 nichtig.
Ein wirksamer Kaufvertrag kam zwischen V und K nicht zustande, so daß K das Buch ohne rechtlichen Grund erlangte.

3. *Zu Ausarbeitung A II 1 a:*

Nicht »falsch«, aber juristisch ungenau war es, zu schreiben, K habe »das Buch« erlangt.

Der Jurist soll Auskunft darüber geben können, welche *Rechte* mit dem tatsächlichen »Haben« des Buches verbunden sind (= Eigentum und Besitz an dem Buch).

4. *Zu Ausarbeitung A II 1 b:*

Zu beachten ist hier, daß die unmittelbare Vermögensminderung auf seiten des V durch Hergabe des Buches nicht einfach dadurch entfällt, daß V Geld dafür bekommt. Für sich betrachtet bedeutet die Hergabe eines Buches durch den Eigentümer immer eine Vermögensminderung.

5. *Zu Ausarbeitung A II 1 c:*

Zur Prüfung dieser Voraussetzung kommt man erst, wenn die zwei vorhergehenden Voraussetzungen bejaht worden sind. Liegt eine der Voraussetzungen des § 812 Abs. 1 S. 1, 1. Alt. – in richtiger Reihenfolge geprüft – nicht vor, ist die Prüfung abzubrechen. Erst bei dieser dritten Voraussetzung dieses Anspruchs – »ohne rechtlichen Grund« – wird das Zustandekommen des Kaufvertrages entscheidungserheblich. Das Verpflichtungsgeschäft ist der rechtliche Grund (causa) für das Verfügungsgeschäft.

6. Sind alle Voraussetzungen erfüllt, ist der Anspruch begründet *(vgl. Ausarbeitung A II 2).*

7. *Zu Ausarbeitung B I u. II:*

Die Überlegungen zu den Gegenansprüchen K gegen V sind die gleichen wie bei den Ansprüchen V gegen K mit der Variante, daß es nicht um die Herausgabe des Buches, sondern um die Herausgabe des Geldes geht. Die Lösung wird daher nur noch skizziert.

## Zu Frage 2 a:

1. Aus Gründen der Vereinfachung wird die gutachtliche Prüfung hier nur noch in Form einer stichwortartigen Lösungs*skizze* gebracht.

Die Prüfung von Ansprüchen *aus* dem Kaufvertrag wäre auch hier fehl am Platze, da sich insoweit nichts geändert hat, als beide Vertragspartner ihre Verpflichtungen bereits erfüllt haben. Zu beginnen ist wieder mit der Prüfung von § 985, welcher der Lösung als *Anspruchsgrundlage voranzustellen* ist *(vgl. Ausarbeitung A I).*

2. Damit sind alle Voraussetzungen von § 812 Abs. 1 S. 1, 1. Alt. erfüllt, mit der Folge, daß V das Buch von K herausverlangen kann.

*B. Ansprüche des K gegen V ...*
*(Lösungsskizze)*

I. ... gem. § 985 auf Herausgabe des Geldes?
– § 985 greift zugunsten des K nicht durch: V ist auf die gleiche Weise Eigentümer des Geldes geworden, wie K Eigentümer des Buches wurde (= § 929 S. 1).

II. ... gem. § 812 Abs. 1 S. 1, 1. Alt.?
Der Anspruch ist begründet. Die Ausführungen unter A II bezüglich des Buches gelten entsprechend für den Kaufpreis.

**Zu Frage 2 a:**

*A. Ansprüche des V gegen K ...*

I. ... gem. § 985 auf Herausgabe des Buches?
– Voraussetzung: V Eigentümer? Ja, wenn Übereignung gem. § 929 S. 1 am 20. 11. unwirksam. Übereignung besteht aus Einigung und Übergabe. Einigung enthält Willenserklärungen.

Einigungserklärung des V gem. §§ 105 Abs. 1, 104 Nr. 2 nichtig, da V am 20. 11 geisteskrank. Somit V weiter Eigentümer. Anspruch aus § 985 daher begründet.

Im übrigen (A II 1–3) sei auf die ausführlichen Ausführungen im Gutachten (Ausarbeitung) unter A zu Frage 1 verwiesen.

2. *Zu Ausarbeitung B:*

Da nach der »Rechtslage« gefragt war, mußten (auch ohne ausdrücklichen Hinweis) die Gegenansprüche des K geprüft werden.

*Zu B I:*

§ 107 anzuwenden wäre hier falsch: Er gilt nur für Willenserklärungen von Minderjährigen i. S. d. § 106 (= beschränkt Geschäftsfähige), nicht aber für Geschäfts*un*fähige i. S. d. § 105!

## Zu Frage 2 b:

Einzelheiten ergeben sich aus den bisherigen Hinweisen. Im übrigen kann nicht oft genug darauf hingewiesen werden, bei der Prüfung des dinglichen Verfügungsgeschäfts das zugrundeliegende Verpflichtungsgeschäft zunächst völlig außer Betracht zu lassen. Hat sich der Bearbeiter das Abstraktionsprinzip einmal gründlich vor Augen geführt, so wird ihm in Zukunft ein solch »grober Schnitzer«, wie noch manchen Verfassern von Examensübungsklausuren, nicht unterlaufen. Dort ist nämlich manchmal tatsächlich zu lesen: ». . . A hat durch den mit B geschlossenen Kaufvertrag *gem. § 433* Eigentum erworben . . .« (!) (Daß dies nur über § 929 möglich ist, wissen Sie nun.)

*Zur Vertiefung*


| | |
|---|---|
| *Alpmann* u. *Schmidt* | BGB AT 1, S. 75–82 |
| *Brox*, H. | Der Allgemeine Teil des Bürgerlichen Gesetzbuchs, § 5 |
| *Larenz*, K. | Allgemeiner Teil des deutschen Bürgerlichen Rechts; § 18 II c + d |
| *Löwisch*, M. | Der Allgemeine Teil des BGB; S. 9 |
| *Wieser*, E. | Einführung . . .; Rdnr. 435–445 |
| *Wörlen*, R. | Bd. I; S. 148–156 |

II. . . . gem. § 812 Abs. 1 S. 1, 1. Alt.?

Voraussetzungen:
1. »etwas erlangt« – ja!
   K erhielt zwar nicht Eigentum (s. o.), aber Besitz! (§ 854)
2. »durch Leistung des V« – liegt ebenfalls vor (vgl. oben – entsprechend* – Ausarbeitung zu Frage 1, A II 1 b).
3. »ohne rechtlichen Grund«? – Rechtlicher Grund = Kaufvertrag gem. § 433. Wurde am 18. 11. geschlossen. Am 18. 11. war V nicht geisteskrank, sondern voll geschäftsfähig. Also Kaufvertrag wirksam. Rechtlicher Grund vorhanden.

Voraussetzungen für Anspruch aus § 812 Abs. 1 S. 1, 1. Alt. *nicht* erfüllt.

*B. Ansprüche des K gegen V*

Bei konsequenter Durchführung des Abstraktionsprinzips kommt man zu dem gleichen – entsprechenden – Ergebnis:

I. K kann die 300,– DM gem. § 985 zurückverlangen, weil er Eigentümer geblieben ist. Die Einigung gem. § 929 S. 1 erfordert zwei sich deckende Willenserklärungen, die Willenserklärung des V war gem. §§ 105 Abs. 1, 104 Nr. 2 nichtig.

II. Der Anspruch aus § 812 Abs. 1 S. 1, 1. Alt. entfällt (vgl. Ausarbeitung oben zu Frage 2 a, A II).

**Zu Frage 2 b**

*A. Ansprüche des V gegen K*

I. Der Anspruch aus § 985 ist begründet: V ist weiterhin Eigentümer des Buches, da seine Einigungserklärung im Sinne von § 929 S. 1 gem. §§ 105 Abs. 1, 104 Nr. 2 nichtig war.

---

* Die Vermögensmehrung beschränkt sich nun auf den *Besitz.*

*Raum für eigene Notizen:*

II. Der Anspruch aus § 812 Abs. 1 S. 1, 1. Alt. ist ebenfalls begründet: K erlangte Besitz an dem Buch ohne rechtlichen Grund, da auch der Kaufvertragsschluß mangels gültiger Willenserklärung des V unwirksam war.

*B. Ansprüche des K gegen V*

I. Die Voraussetzungen von § 985 liegen vor: K ist weiterhin Eigentümer des Geldes, weil die Einigungserklärung des V nichtig war; V ist Besitzer.

II. Auch die Voraussetzungen von § 812 Abs. 1 S. 1, 1. Alt. sind erfüllt: Der Kaufvertrag ist unwirksam, V erhielt den Kaufpreis ohne rechtlichen Grund.

*Raum für eigene Notizen:*

# Fall 14 (Mehrfache) Abtretung von Forderungen

Die Affolter GmbH-Metallwarenfabrik (A) erhielt von ihrer Hausbank, Bankhaus Bräuwastl KG (B), laufend Kredite. Zu deren Sicherung übertrug sie der Bank am 1. 9. »ihre künftigen Forderungen aus Warenverkäufen gegen ihre Abnehmer bis zur Höchstgrenze von 100 000,– DM«.

Am 5. 9. verkaufte und lieferte die A an das Versandhaus Walter Deppisch (D) Kupferkessel zum Preise von 10 000,– DM. Diese hatte sie aus Kupferblechen hergestellt, die sie wie bisher von der Fa. Copper & Co. (C) bezogen und auch pünktlich bezahlt hatte. Mit D vereinbarte A, daß D den Kaufpreis erst in drei Wochen (26. 9.) bezahlen müsse. Am 15. 9. bezog die A von C eine neue Lieferung Kupferbleche im Werte von 10 000,– DM. Da A gerade nicht über liquide Geldmittel verfügt, begleicht sie die Forderung von C, indem sie ihr durch Vertrag vom 15. 9. die Forderung gegen D abtritt. Am 26. 9. verlangt C von D 10 000,– DM, die dieser auch bezahlt. Am 27. 9. verlangt B von D ebenfalls 10 000,– DM. Nunmehr verweigert D die Bezahlung. Der Hausjurist der B, Rudi Ratlos (R), ahnt, daß D sich zu Recht weigert, und meint, daß B das Geld von C herausverlangen kann, weiß aber nicht, wie er das begründen kann. Ihm fehlt die Anspruchsgrundlage!

Helfen Sie ihm, indem Sie ein kurzes Gutachten erstellen, das darüber Auskunft gibt, ob B die 10 000,– DM von C herausverlangen kann!

(Bearbeitungszeit: 2 Std.)

## A. Zur Wiederholung: Allgemeine Vorüberlegungen

Ich möchte diesen letzteren Fall noch einmal benutzen, die »Allgemeinen Vorüberlegungen« mit Ihnen gemeinsam zu vollziehen. Um etwas Platz zu sparen, geschieht dies fortlaufend auf der linken *und* rechten Seite des Buches, bevor die »Besonderen Vorüberlegungen« dann wieder nur links der gutachtlichen Ausarbeitung auf den rechten Seiten optisch gegenübergestellt werden.

### I. Erfassen des Sachverhaltes

Nachdem Sie den Sachverhalt (mindestens zweimal!) konzentriert durchgelesen haben, haben Sie sicherlich festgestellt, daß hier zwischen mehreren Beteiligten Rechtsbeziehungen geknüpft wurden, auf die allerdings im Gutachten nicht mehr so ausführlich eingegangen werden muß, wie es zunächst den Anschein hat! Dies wird einem klar, wenn man sich die Rechtsbeziehungen der Beteiligten anhand einer grafischen Skizze (vgl. oben S. 2, A I) verdeutlicht, die folgendermaßen aussehen könnte *(versuchen Sie zuerst selbst, den Fall mit einer Skizze zu erfassen!):*

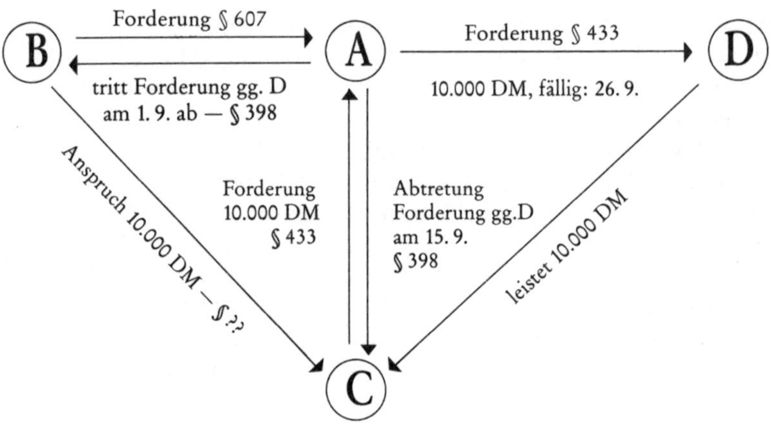

Wenn Sie den Sachverhalt anhand der Skizze durchdacht und erfaßt haben, dann sind Ihnen hoffentlich die §§ 407, 408 eingefallen, die den (redlichen, »gutgläubigen«) Schuldner vor der Doppelbezahlung einer gegen ihn bestehenden abgetretenen Forderung schützen sollen. Außerdem sind wir beim zweiten Schritt der »Allgemeinen Vorüberlegungen« angelangt:

## II. Fallfrage

(Vgl. oben S. 2 A II – nachlesen!) Der letzte Satz des Sachverhalts enthält die Fallfrage in leicht verschlüsselter Form, da nicht in direkter, sondern in indirekter Rede gestellt. Sie müssen die Fallfrage insofern noch etwas konkretisieren, indem Sie eine direkte Frage formulieren *(tun Sie das, bevor Sie weiterlesen!)*.

Die konkrete Fallfrage lautet: »Kann B von C Herausgabe der 10 000,– DM verlangen?« Dies führt uns zum dritten Schritt der »Allgemeinen Vorüberlegungen«, der Suche nach der

## III. Anspruchsgrundlage

(Vgl. oben S. 3 A III – nachlesen!)
Wir wenden nun wieder unser »Suchschema« an:

| »Wer | will von | wem | was | warum | woraus?« |
|---|---|---|---|---|---|
| Antwort *(auf den vorliegenden Sachverhalt übertragen):* | | | | | |
| B | *will von* | C | Herausgabe von 10 000 DM, die C am 26. 9. aufgrund der Abtretung vom 15. 9. erhalten hat. | Weil er glaubt, daß C zum Empfang aufgrund der Abtretung des A an B am 1. 9. nicht berechtigt war. | § 816 Abs. 2 |

Um das »Woraus« beantworten zu können, brauchen wir eine Anspruchsgrundlage und gehen damit über zu den

### B. Besonderen Vorüberlegungen

1. Wir wissen, daß B *»Herausgabe* der 10 000,– DM will, die D an die »Nichtberechtigte« C geleistet hat. Wenn wir die Anspruchsgrundlage, die wir suchen, nicht gleich wissen, sehen wir im »Index« des Gesetzestextes nach, wo uns unsere mit Rechtskenntnissen gepaarte Phantasie schließlich unter dem Stichwort *»Nichtberechtigter«* fündig werden läßt . . . → § 816 Abs. 2

Diese Vorschrift ist die Anspruchsgrundlage, die das Begehren der B stützen kann, so daß wir sie – als mögliches (hypothetisches) Ergebnis formuliert – dem Gutachten voranstellen *(vgl. Ausarbeitung + ).*

2. Den nächsten Schritt bildet die Prüfung der Voraussetzungen des Anspruchs, die wir aus dem Gesetzestext von § 816 Abs. 2 herauslesen und systematisch ordnen:
(1) Leistung an die C (die wir für nichtberechtigt halten)
(2) Nichtberechtigung der C zum Empfang der Leistung
(3) Wirksamkeit dieser Leistung gegenüber dem Berechtigten, hier der B.

Unter diese drei Voraussetzungen subsumieren wir dann den Sachverhalt:

(1) Hier ist es notwendig, ganz kurz darzustellen, ob und worin eine Leistung an C im Sinne des Bereicherungsrechts gelegen hat.

Dazu muß man, da das Besondere Schuldrecht (im zweiten Semester) noch nicht eingehend behandelt wurde, nur den groben Leistungsbegriff des Bereicherungsrechts kennen:

»Leistung ist jede ›bewußte‹ und ›zweckgerichtete‹ Vermehrung fremden Vermögens.« Zweckgerichtet ist sie, wenn sie zur Erfüllung einer Verbindlichkeit bzw. zur Tilgung einer Schuld vorgenommen wird (vgl. *Brox,* BT, Rdnr. 390, S. 282). In einer Anfängerklausur genügt hierzu ein kurzer erklärender Satz *(vgl. Ausarbeitung 1).*

(2) Nichtberechtigung zum Empfang der Leistung bedeutet, so banal das klingen mag, daß der Empfänger der Leistung sich nicht auf eine Berechtigung berufen kann! Also muß im Gutachten mitgeteilt werden, worauf er seine vermeintliche Berechtigung stützt und ob seine Auffassung darüber richtig ist oder nicht: C wußte nicht, daß die ihr gegenüber erfolgte Abtretung wegen der bereits vorher an B erfolgten Globalzession unwirksam war! Daher teilen wir es ihr im Gutachten mit! Woraus sich die Berechtigung ergeben könnte, stellen wir deshalb zunächst fest *(Ausarbeitung 2 a),* um dann darzulegen, daß A am 15. 9. die Abtretung der Forderung an C nicht mehr vornehmen durfte, da sie dieselbe Forderung bereits am 1. 9. wirksam an B abgetreten hatte. Nur B war zum Empfang des Geldes berechtigt *(Ausarbeitung 2 b)!*

+) B könnte die Herausgabe der 10 000,– DM von C möglicherweise gemäß § 816 Abs. 2 verlangen.

1. Dann müßte zunächst an C eine Leistung bewirkt worden sein.

D hat, indem er am 26. 9. 10 000,– DM an C zahlte, bewußt und zweckgerichtet das Vermögen der C vermehrt, da er diese zum Einzug der Forderung für berechtigt hielt und mit der Zahlung seine Kaufpreisschuld tilgen wollte. D hat also an C eine Leistung bewirkt.

2. C dürfte zum Empfang der Leistung nicht berechtigt gewesen sein.

a) Eine Berechtigung der C zum Empfang dieser Leistung könnte sich aus dem am 15. 9. mit A geschlossenen Abtretungsvertrag ergeben. Damit diese Abtretung durch die Vereinbarung gem. § 398 S. 1 wirksam war mit der Folge, daß C gemäß § 398 S. 2 als neue Gläubigerin der Forderung an die Stelle der A trat, müßte A zu diesem Zeitpunkt auch Inhaberin der Forderung gewesen sein.

b) A hatte jedoch bereits am 1. 9. im Wege einer Globalzession alle künftigen Forderungen aus Warenverkäufen an die B abgetreten. Da es für die Abtretung zukünftiger Forderungen ausreicht, wenn diese zum Zeitpunkt ihrer Entstehung hinsichtlich Höhe, Inhalt und Schuldner bestimmbar sind, war diese Abtretung zulässig. Wirksam wird sie erst mit der Entstehung der jeweiligen Forderungen.

B trat daher am 5. 9. (Abschluß des Kaufvertrages) gem. § 398 S. 2 als neue Gläubigerin der Forderung A – D an die Stelle der A, so daß A am 15. 9. nicht mehr Inhaberin dieser Forderung und die Abtretung der A an C unwirksam war. C war somit Nichtberechtigte bezüglich des Empfanges der 10 000,– DM.

(3) Schließlich müssen wir noch die dritte Voraussetzung von § 816 Abs. 2 prüfen *(Ausarbeitung 3 + ):*

Die Wirksamkeit der Leistung an den Nichtberechtigen (C) gegenüber dem Berechtigten (B)!

Wirksam ist die Leistung gegenüber dem Berechtigten (B), wenn dieser die Leistung des Schuldners der Forderung (D) an den Nichtberechtigten (C) gegen sich gelten lassen muß. Hier mußte man daher die Schuldnerschutzvorschriften im Abtretungsrecht (§§ 407, 408) kennen und wissen, was es heißt, § 407 Abs. 1 im Fall der mehrfachen Abtretung gem. § 408 Abs. 1 »dem früheren Erwerber« gegenüber »entsprechend« anzuwenden: Da das »Who is Who« (= Wer ist wer?) bei so vielen Beteiligten nicht jedem sofort durchsichtig erscheint, nimmt man sich am besten die oben erstellte Skizze nochmals vor und notiert sich, wer im konkreten Fall »Schuldner«, »bisheriger Gläubiger« und »neuer Gläubiger« (§ 407 Abs. 1) der abgetretenen Forderung ist! Also:

»Schuldner« = D! »Bisheriger Gläubiger« = A! »Neuer Gläubiger« = B!

Nun analysieren wir daraufhin § 408 Abs. 1: »Bisheriger Gläubiger«: A! – »Dritter«: C! – »Schuldner«: D! – Früherer Erwerber«: B!

§ 407 Abs. 1 gem. § 408 Abs. 1 entsprechend anzuwenden bedeutet:

»Früherer Erwerber« gem. § 408 Abs. 1 entspricht »neuem Gläubiger« gem. § 407 Abs. 1 (im Fall: B!). »Dritter« i. S. v. § 408 Abs. 1 entspricht »bisherigem Gläubiger« i. S. v. § 408 Abs. 1. Setzen wir nun das Wort »Dritter« (im Fall: C!) ein, so muß »der frühere Erwerber der Forderung« (B) eine Leistung, die der Schuldner (D) nach der erneuten Abtretung an den Dritten (C) bewirkt . . ., gegen sich gelten lassen! Diese Rechtsfolge tritt jedoch nur ein, wenn der Schuldner (D) bei der Leistung nichts von der vorherigen Abtretung (A – B) wußte. Dies trifft zu, da D zum Zeitpunkt der Zahlung an C die frühere Abtretung an B nicht bekannt war.

Wenn Sie das klar erkannt und durchdacht haben, wozu Sie in der Lage sein sollten, da die Beherrschung des Stoffes des Allgemeinen Schuldrechs von Ihnen verlangt werden kann, können Sie diese Überlegung im Gutachten (wie unter *Ausarbeitung 3* + + geschehen) kurz darlegen.

Dann stellen Sie in einem kurzen Schlußsatz das Gesamtergebnis des Gutachtens fest.

*Zur Vertiefung*

| | |
|---|---|
| *Brox,* H. | Schuldrecht AT; § 29 |
| *Fikentscher,* W. | Das Schuldrecht; § 17 |
| *Larenz,* K. | Schuldrecht I, AT; § 34 |
| *Musielak,* H.-J. | Grundkurs; § 9 VI b |
| *Wörlen,* R. | Grundzüge . . ., Bd. II; S. 119–125, 286 f. |

3. +) Gemäß § 816 Abs. 2 muß die Leistung schließlich dem Berechtigten gegenüber – hier der B – wirksam sein.

++) Die Wirksamkeit der Leistung D an C ergibt sich aus § 408 Abs. 1 i. V. m. § 407 Abs. 1. Danach muß der frühere Erwerber (B) einer Forderung bei mehrfacher Abtretung die Leistung des Schuldners (D) an den Dritten (C) gegen sich gelten lassen, wenn – wie hier – der Schuldner (D) bei Leistung an den Dritten (C) nichts von der früheren Abtretung wußte.

Somit sind alle drei Voraussetzungen von § 816 Abs. 2 erfüllt: B kann von C Herausgabe der 10 000,– DM verlangen.

**Anmerkung:**

Wie die meisten Anspruchsgrundlagen ist auch die hier zur Lösung führende Anspruchsgrundlage, § 816 Abs. 2, im Besonderen Schuldrecht angesiedelt, das in den ersten beiden Semestern des Jura-Studiums noch nicht ausführlich behandelt wird. § 816 Abs. 2 kurz zu erklären, ist indessen unerläßlich, wenn man im Rahmen des Allgemeinen Schuldrechts das Abtretungsrecht und die dazugehörigen Vorschriften der §§ 407 und 408 behandelt. Denn dann wird regelmäßig die Frage gestellt, an wen sich der Gläubiger einer abgetretenen Forderung nun halten kann, nachdem der Schuldner durch Zahlung an einen vermeintlichen Gläubiger über § 407 oder § 408 von seiner Zahlungspflicht befreit wurde. § 816 Abs. 2 kann man also bei Studierenden, die das Allgemeine Schuldrecht gehört (und gelernt) haben, in seiner Grundstruktur als bekannt voraussetzen.

# Paragraphenregister

**HGB**

# Sachregister

# Anhang

## I. Äußere Gestaltung und Form von Klausuren

Erklärtes Ziel der vorstehenden Fallösungen ist es, den Student(inn)en Inhalt, Aufbau und Stil des juristischen Gutachtens zu vermitteln, um sie auf die gewinnbringende Durcharbeitung und das Verständnis umfassender Übungs-Bücher (»Übungen im Privatrecht« bzw. ». . . Zivilrecht« oder ». . . Bürgerlichen Recht«) vorzubereiten. Da in solchen Werken durchweg ausführliche Kapitel über den äußeren, formalen Aufbau von Klausuren und Hausarbeiten enthalten sind, wurde in dieser »Anleitung« ursprünglich davon abgesehen, auf die Formalien von Klausuren hinzuweisen. Indessen werden die Leser(innen) im Arbeitsvorschlag des Vorwortes zur ersten Auflage zur Anfertigung eigener Lösungen innerhalb der angegebenen Bearbeitungszeiten aufgefordert, so daß es durchaus angebracht erscheint, ihnen auch schon einige Hinweise zu den Formalien einer Klausur mitzugeben. Sie können und sollten sich frühzeitig daran gewöhnen, ein Rechtsgutachten zu Papier zu bringen, welches auch äußerlich erkennen läßt, daß es sich um die Arbeit von Hochschulabsolventen handelt. Student(inn)en, die der Ansicht sind, daß nur der *Inhalt* einer Klausurlösung »zählt«, sollten sich außerdem bewußt sein, daß auch Korrektoren von Klausurarbeiten nur Menschen sind: Kein Korrektor wird zwar eine inhaltlich zufriedenstellende Lösung wegen mangelnder äußerer Form aus Prinzip »eine Note schlechter« zensieren; doch das Wohlwollen, welches er *jeder* Klausurarbeit regelmäßig entgegenbringt, weicht – zumeist unbewußt und ungewollt – einem gewissen Mißmut, wenn er mit einem rätselhaften »Schriftstück« konfrontiert wird, dessen schlampige äußere Form eher an einen in der Straßenbahn geschriebenen Einkaufszettel als an eine wissenschaftliche Arbeit erinnert. In den seltensten Fällen sind dann die Gedankenführung und die Argumentationsweise der Verfasser(innen) derart brillant, daß dieser Mißmut gänzlich beseitigt wird.

Die Student(inn)en sollten sich deshalb – bei allem Verständnis für den Zeitdruck, unter dem eine Klausur meistens angefertigt wird – von Anfang an angewöhnen, bei der Anfertigung ihrer Arbeiten die vielerorts und immer wieder gegebenen Hinweise zur Gestaltung der äußeren Form einer Klausur zu beherzigen, und sie sollten sich ständig darin zu üben suchen, diese Hinweise »in die Tat umzusetzen«. Die in diesem Buch behandelten Fälle mit der jeweils angegebenen Bearbeitungszeit bieten ihnen Gelegenheit dazu, wenn sie die folgenden *Faustregeln,* deren Reihenfolge keine Rangfolge ist, stets beachten:

## 1. Korrekturrand

Aufgabe des Korrektors einer juristischen Klausur ist es nicht nur, zur Benotung einer Arbeit festzustellen, ob die Lösung »falsch« (= »f«) oder »richtig« (= »r«) ist, sondern er soll die Verfasser(innen) auch darauf hinweisen, worin ihre Fehler lagen. Dazu benötigt der Korrektor Platz, um eine entsprechende Bemerkung anzubringen. Klausurlösungen sollen sich deshalb auf einem DIN A 4-Blatt befinden, auf dem *mindestens ein Drittel* als *Rand* freigelassen wird, ob auf der linken oder auf der rechten Seite des Blattes, ist »Geschmackssache«: »Links« hat den Vorteil, daß das Schriftbild durch bündigen Zeilenbeginn sauberer wirkt; rechts hat der Rand einen Vorteil für den (regelmäßig von links nach rechts lesenden!) Korrektor, da er seine Korrekturbemerkungen so fließender anbringen kann. Hat ein(e) Bearbeiter(in) verständlicherweise kein Lineal zur Hand, kann er (sie) die nötige gerade Randlinie durch Umknicken der Blätter bewirken.

## 2. Kennzeichnung der Arbeit

Die Verfasser(innen) von Klausuren sollten sich darüber im klaren sein, daß ihre Arbeiten nicht die einzigen sind, mit denen sich der Korrektor zu befassen hat, und daß »ihre« Arbeitsgemeinschaft oder Übung und »ihr« Semester nicht die einzigen sind, in denen Klausuren geschrieben werden! Das erste Blatt der Klausur sollte deshalb außer dem *Namen und Vornamen* (bekanntlich gibt es Namen wie

z. B. »Weber«, »Müller« oder »Schulze« häufiger als andere Namen) und der *Semesterzahl auf dem Rand* sowie *über dem Textteil* auch eine *Zuordnungskennzeichnung* (»Übungen im Privatrecht«, »Sommersemester 1987«, bei »Prof. Dr. Hörnlein« – vgl. dazu das *Muster* am Ende dieser Hinweise) enthalten. Um ein Vertauschen der Arbeit mit anderen Arbeiten zu verhindern, empfiehlt es sich, die gesamten Blätter – sofern man nicht gerade eine Heft- oder Büroklammer zur Hand hat – an einer oberen Ecke umzuknicken. Aus dem gleichen Grund sollten die beschriebenen Blätter unbedingt mit Seitenzahlen und sicherheitshalber (nur) mit den Nachnamen der Verfasser(innen) auf den Blättern 2 ff. versehen werden.

## 3. Einseitige Beschriftung

Diese Empfehlung soll nicht den Umsatz der Papierindustrie steigern helfen, sondern sie bedeutet eine wichtige Hilfe für die Verfasser(innen): Solche »Großzügigkeit« ist vor allem deswegen zweckmäßig, weil man so Zeit spart, wenn das Gutachten nach Entdeckung von Fehlern teilweise neu formuliert oder ergänzt werden soll. Die fehlerhafte Passage kann sauber durchgestrichen und auf der Rückseite durch die Verbesserung ersetzt werden (Vermerk am Rand: »siehe Rückseite«).

## 4. Gedankliche und optische Gliederung

Anders als in Hausarbeiten wird in Klausuren nicht verlangt, daß die Verfasser(innen) ihren Ausführungen eine schriftliche Gliederung voranstellen, die die nachfolgenden Abschnitte mit Überschriften kennzeichnet. Dennoch verlangt auch die Anfertigung eines Klausurgutachtens, daß man seine Ausführungen gedanklich gliedert und diese Gliederung möglichst durch Bezifferung der einzelnen Abschnitte äußerlich kennzeichnet. Überschriften im Text der Klausur sind nur empfehlenswert, wenn Ansprüche gegenüber mehreren Beteiligten zu prüfen sind (z. B. »A. Ansprüche des A gegen B:«, »B. Ansprüche des A gegen C:« usw. – vgl. *Muster* am Ende).

Gerade für das Gliederungsbild einer wissenschaftlichen Arbeit gilt übrigens die Erkenntnis, daß die äußere Form Schlüsse auf die

Fähigkeit der Verfasser(innen) zu klarer Gedankenführung zuläßt. Welche Art der Bezifferung der Gliederungsabschnitte man wählt, ist wiederum »Geschmackssache«, nur logisch und einheitlich muß sie sein! Für die Bezeichnung der einzelnen Gliederungsabschnitte haben sich im wesentlichen zwei Systeme durchgesetzt: die »klassische« Gliederung nach Buchstaben und Zahlen sowie die modernere Gliederung nach dem Dezimalsystem.

*a) Die »klassische« Gliederung*

Wählt man diese Art der Bezeichnung der Gliederungspunkte, so ist es nun nicht mehr »Geschmackssache«, welche Reihenfolge der Buchstaben und Ziffern man innerhalb der Untergliederung bevorzugt! Je nach Bedeutung des einzelnen Gliederungsabschnittes ist folgende Rangfolge einzuhalten: Lateinische Großbuchstaben, römische Zahlen, arabische Zahlen (jeweils von einem Punkt gefolgt), lateinische Kleinbuchstaben, zweifache und mehrfache lateinische Kleinbuchstaben in Folge (jeweils von einer Klammer begleitet).

*Beispiel:*

»A. Ansprüche des A gegen B
    I. ............ (Text) ..........................
        1. ..........................................
            a) ......................................
                aa) .................................
                bb) .................................
            b) ......................................
        2. ..........................................
            a) ......................................
            b) ......................................
            c) ......................................
    II. .............................................
B. .............................................. usw.«

Anstelle der Mehrfachfolge von lateinischen Kleinbuchstaben können auch griechische Buchstaben gewählt werden. Hierzu ist allerdings zu bemerken, daß eine so starke Untergliederung in Klausuren kaum nötig sein wird: »Gliederung« bedeutet nicht, daß jeder neue Satz mit einem Buchstaben oder einer Ziffer versehen werden muß!

In Übungsklausuren wird man im Normalfall meist mit römischen und arabischen Zahlen sowie lateinischen Kleinbuchstaben auskommen.

*b) Die moderne Dezimalgliederung*

Diese von dem Amerikaner *Melwitt Dewey* entwickelte Gliederungssystematik bezeichnet die einzelnen Gliederungsabschnitte je nach der Bedeutung des dort ausgedrückten Gedankens im Gesamtzusammenhang der Darstellung mit einer oder mehreren Ziffern zwischen 0 und 9.

*Beispiel:*

»1. ...............................................
  1.1 ..............................................
  1.2 ..............................................
  1.2.1 ............................................
  1.2.2 ............................................

  2. ...............................................
  2.1 ..............................................
  2.1.1 ............................................
  2.1.2 ............................................
  2.2 ..............................................
  2.2.1 ............................................
  2.2.2 ................................... usw.«

Der Sinn dieser Zuordnungen wird verständlicher, wenn wir die »klassische« Gliederung der Dezimalgliederung am selben Beispiel gegenüberstellen. Würden wir etwa in diesem Buch an die Stelle der hier gewählten »klassischen« Gliederung auf Seite 11 das Dezimalsystem setzen, so müßten die Abschnitte dort folgendermaßen beziffert werden:

*»I. Fall 2:*

1. ...............................................
2. ...............................................
2.1. ..............................................
2.1.1. ............................................

2.1.2. ........................................................
2.1.3. ........................................................
2.1.4. ........................................................
Auf Seite 13 ginge es dann weiter mit:

2.2 ........................................................ usw.«

Welches System man bevorzugt, ist, um es zu wiederholen, »Geschmackssache«. In *Klausuren* sollte man m. E. aus Gründen der Übersichtlichkeit dennoch das schlichte »klassische« System heranziehen.

Die *gedankliche* Gliederung ist, wie in den »Methodischen Hinweisen« dieses Buches mehrfach geäußert, Bestandteil der Vorüberlegungen. Für diese Vorüberlegungen sollten die Bearbeiter(innen) einer Klausur nicht übertrieben viel Zeit investieren: Wenn man mit der schriftlichen Ausarbeitung erst »zu spät« beginnt, leidet darunter nicht nur die äußere Form der Arbeit, sondern erfahrungsgemäß auch die inhaltliche Güte der Darstellung. Als Richtzeit für die gedankliche Vorarbeit (Konzepterstellung) sollte man daher etwa $^{2}/_{5}$ der zur Verfügung stehenden Bearbeitungszeit ansetzen.

## 5. Zitieren von Vorschriften; Unterstreichungen

Das einzige, was Verfasser(innen) in einer Klausurlösung »zitieren« sollen, sind die Vorschriften (Paragraphen) des zur Lösung des Falles angewendeten Gesetzeswerkes. (Literatur- und Rechtsprechungszitate werden in Klausuren nicht verlangt und als unnötige Wissensausbreitung auch nicht positiv bewertet. Mit der juristischen Literatur und der Rechtsprechung haben die Student(inn)en sich in Hausarbeiten auseinanderzusetzen.) Auch hier gibt es bestimmte ungeschriebene Regeln, die – wie alle hier erklärten Formalien – nicht entwickelt wurden, weil es sich bei den Juristen um eine besonders »pingelige« Ausgabe der menschlichen Spezies handelt ... Auch diese Regeln dienen vielmehr der Übersichtlichkeit der äußeren Darstellung eines juristischen Gutachtens und geben zugleich Aufschluß darüber, ob sein(e) Verfasser(in) den Fall und letztlich das Gesetz wirklich begriffen hat. Wenn in diesem Buch mehrfach betont wurde, daß zitierte Vorschriften auch tatsächlich gelesen werden müssen, dann bedeutet das umgekehrt auch, daß gelesene und angewendete Vorschriften auch *genau* zitiert werden müssen. Der Anspruch auf Übergabe der Kaufsache und Eigentumsverschaffung ist zwar *auch* »in § 433 BGB« geregelt; da »in § 433 BGB« aber ebenfalls der Anspruch auf Zahlung des Kaufpreises enthalten ist, muß man sich angewöhnen, immer den Absatz, Satz oder Halbsatz der Vorschrift, auf den man letztlich Bezug nimmt, exakt zu bezeichnen! Der erstgenannte Anspruch ergibt sich aus § 433 Abs. 1 S. 1, der Kaufpreiszahlungsanspruch aus § 433 Abs. 2 BGB.

Ganz formal ist hier zu beachten, daß man Absätze und Sätze eines Paragraphen (dieses Wort sollte in einer juristischen Untersuchung niemals ausgeschrieben werden, sondern man verwendet nur dieses Zeichen: »§«; die Mehrzahl davon lautet: »§§«!) so zitiert wie hier geschehen oder – ohne die Wortabkürzungen (»Abs.«; »S.«) – »Absätze« durchweg mit römischen Zahlen und »Sätze« mit arabischen Zahlen bezeichnet, also: »§ 433 I 1« und »§ 433 II BGB«. Auch hier gibt es keinen Vorrang, aber auch hier ist der Grundsatz der Einheitlichkeit zu beachten. Bezieht sich die Klausurlösung im wesentlichen auf ein einheitliches Gesetzeswerk, so kann man etwas Zeit sparen, indem man zum ersten Zitat einer Vorschrift eine Fußnote setzt: »§§ ohne nähere Bezeichnung sind solche des BGB«.

Ein beliebtes »Stilmittel«, um die Wichtigkeit von Aussagen hervorzuheben, sind Unterstreichungen, mit denen Verfasser(innen) ihre Klausurausarbeitungen versehen. Solche Unterstreichungen sind in einer wissenschaftlichen Arbeit, die korrigiert und benotet werden soll, unnötig bzw. unzulässig: Wichtige und »gute« Ausführungen wird der Korrektor im Regelfall erkennen; er nimmt dann seinerseits (um anschließend bei der Bewertung einen schnellen Überblick zu haben) Unterstreichungen vor. Unwichtige oder »schlechte« (falsche) Ausführungen werden dagegen vom Korrektor unterschlängelt. Zu diesen Korrekturen wird durchweg ein Bleistift benutzt: Da ein Korrektor von hundert oder mehr Klausuren immer wieder von neuem versuchen muß, sich in die Gedankengänge des/der Verfassers/Verfasserin einer jeden Klausur hineinzuversetzen, kann es durchaus vorkommen, daß eine Korrekturbemerkung am Rand erscheint, die dort nicht hingehört und deshalb wegradiert werden muß! Benutzen Sie deshalb bei der Abfassung Ihres Gutachtens in einer Klausur möglichst keinen Bleistift ...

Diese Hinweise zur äußeren Gestaltung und Form mögen in diesem Rahmen genügen, um den Studienanfänger(inne)n zu helfen, sich frühzeitig in einer disziplinierten Arbeitsweise zu üben. Wer der Meinung ist, daß die hier mitgeteilten Ratschläge trivialen Formalismus verkörpern, sollte sich Gedanken darüber machen, ob er (sie) Sinn und Zweck des gewählten Hochschulstudiums im Hinblick auf die spätere berufliche Tätigkeit schon jetzt richtig einschätzen kann! Ich möchte die Hinweise zur äußeren Gestaltung abschließen mit einem vollständigen Zitat aus dem Buch von *Schmelzeisen* (dort Seite 13) und wie dieser hoffen, vielen Leser(inne)n die Augen geöffnet zu haben:

»Unsere Zeit neigt dazu, vieles nur als etwas Äußerliches anzusehen und deshalb zu vernachlässigen. Aber es gibt nichts schlechthin Äußerliches, das einem gleichgültig sein dürfte. Äußeres und Inneres stehen in einer engen Verbindung. Beim schaffenden Menschen rührt das an den Charakter. Eine äußerlich vernachlässigte Arbeit verrät manches von der Persönlichkeit dessen, der sie geleistet hat. Ich habe noch keine Übungs- oder Prüfungsarbeit gesehen, die wie im Äußeren nicht auch im Inneren befriedigend oder unbefriedigend gewesen wäre. Selbstverständlich ist bei Aufsichtsarbeiten einige Nachsicht geboten. Doch sollte man nicht vergessen: Die äußere Gestaltung kann nicht völlig mißlingen, wenn man sich beizeiten in Zucht genommen und immer wieder darin geübt hat, wenn man der Sache Herr geworden ist und wenn einem die Arbeit wirklich am Herzen liegt. Wer freilich mit der Aufgabe seine liebe Not gehabt und es dabei noch nicht weit gebracht hat, der wird am Ende nur stammeln können. Und wie es nun einmal ist: Gerade darin verrät er sich als Stümper auf der ganzen Linie.

Durchschaut man die Dinge, so muß es einen peinlich berühren, über die immer wieder wahrzunehmenden Mängel der äußeren Gestaltung noch ein Wort zu verlieren. Was hier zu sagen ist, ist schon tausendmal ausgesprochen worden.«

## MUSTER für das 1. Blatt einer Klausur:

| | |
|---|---|
| Hochschule X     Sommersemester 1992<br>Fachbereich Y     Prof. Dr. Hörnlein<br><br>Übungen im Privatrecht<br>für Anfänger<br>1. Klausur<br><br>A. Ansprüche des A gegen B:<br>I. A könnte gegen B einen Anspruch ... gem. § 433 I 1 BGB* haben.<br>1. Voraussetzung *ist* zunächst, daß<br>...<br>a) Dann müßte A ...<br>b) Dem könnte jedoch entgegenstehen ...<br>c) Somit ist die Voraussetzung, daß ... erfüllt ...<br>2. Weiterhin ist Voraussetzung ...<br>a) ...<br>b) ...<br>3. (Ergebnis:) Der Anspruch des A gegen B auf ... gem. § ... ist demnach begründet.<br>II. Darüber hinaus könnte A gegen B einen Anspruch aus § ... auf ... geltend machen.<br>1. Voraussetzung ...<br>...<br><br>B. Ansprüche des A gegen C:<br>I. ... usw. ...<br><br>* §§ ohne nähere Bezeichnung sind solche des BGB | Alois Armhuber[1]<br>3. Semester<br>— Datum —<br><br><br><br>— 2 — |

1 An manchen Hochschulen wird auch noch die Semesteranschrift verlangt.

# II. Äußere Gestaltung und Form von Hausarbeiten

Obwohl dieses Buch sich als eine »Anleitung zur Lösung von Zivilrechtsfällen« inhaltlich nur auf die Lösung von *Klausur*fällen bezieht, haben meine Hinweise zur äußeren Gestaltung und Form von Klausuren zahlreiche Kollegen/innen bewogen anzuregen, den »Anhang« auch auf die Formalien zur Hausarbeitsgestaltung auszudehnen (vgl. Vorwort zu dieser Auflage!).

Ich will diesen Anregungen gerne folgen, doch mich wirklich auf die Formalien beschränken. Zum inhaltlichen und argumentationstechnischen Aufbau von Hausarbeiten, zur Darstellung von Streitfragen, zur Gegenüberstellung und Verarbeitung von Theorien sowie zum Auswerten der Literatur wäre ein eigenes Buch notwendig. Insofern verweise ich nur auf die im Literaturverzeichnis genannten Werke von *Brühl* und *Diederichsen.*

Eine Vielzahl von anderen empfehlenswerten Büchern hierzu wird Ihnen sicherlich (hoffentlich) in Ihrer »kleinen« BGB-Übung genannt werden.

Fangen wir bei der Darstellung der Formalien »von vorne« an:

## 1. Deckblatt

Das erste Blatt einer *Hausarbeit* ist das »Deckblatt«.

Im Gegensatz zur Klausur wird die Hausarbeit nicht handschriftlich, sondern maschinenschriftlich* angefertigt. Als Korrektor geht man davon aus, daß die Bearbeiter/innen für eine Hausarbeit vier bis sechs Wochen Zeit haben. Wenn man sich vom ersten Tage an (= Ausgabe der Hausarbeit) damit *ernsthaft* befaßt, reicht die zur Verfügung gestellte Zeit normalerweise »locker« aus! Während man eine schlechte äußere Form, insbesondere unleserliche Schrift bei Klausuren – bis zu einem zumutbaren Grad – mit dem Zeitdruck, unter dem die Bearbeiter/innen stehen, entschuldigen kann, hat diese Entschuldigung bei Hausarbeiten keine Gültigkeit!

---

* Auch der PC ist eine Maschine! Dazu unten mehr.

Felix Almoser
3. Semester

Glottertalweg 3
7800 Freiburg

26. Juni 1992

Übungen im Bürgerlichen Recht
für Anfänger

bei Prof. Dr. Hörnlein
SS 1992

1. Hausarbeit

Wenngleich die graphische Gestaltung des Deckblattes grundsätzlich jedem freigestellt ist, müssen folgende Angaben enthalten sein: Name (inkl. Vorname) des (der) Student/en(in), Semesteranschrift, Datum der Anfertigung, Bezeichnung der Übung, Bezeichnung des Dozenten sowie die »Ausgabenummer« (regelmäßig werden im Laufe der Übung mindestens zwei Hausarbeiten angeboten) der Hausarbeit. Dabei hat sich vornehmlich die nachfolgende graphische Aufteilung der geforderten Angaben eingebürgert.

## 2. Sachverhalt (Aufgabentext)

Im Gegensatz zu Klausuren ist Hausarbeiten im Anschluß an das Deckblatt der Aufgabentext (Sachverhalt) beizufügen (es sei denn, Ihr Übungsleiter hat dies ausdrücklich ausgeschlossen!). Sofern Sie sich die Mühe ersparen wollen, den Sachverhalt mit dem gleichen Maschinentyp, den Sie für die Anfertigung Ihrer Arbeit benutzen, nochmals abzuschreiben, ist es ratsam, daß Sie sich gleich zu Anfang eine saubere Kopie davon anfertigen. So können Sie vermeiden, einen durch häufiges Benutzen »vergilbten«, verschmutzten oder zerknitterten Aufgabentext beizulegen, was unweigerlich zu vermeidbaren »Minuspunkten« führen würde.

Der eingangs (*Anhang I,* S. 111) erwähnte, durch eine schlampige äußere Form hervorgerufene Mißmut des Korrektors hat für die Benotung einer Hausarbeit größere Bedeutung als für die einer Klausur!

## 3. Literaturverzeichnis (Inhalt, Zitierweise)

Das Literaturverzeichnis sollte im Anschluß an den Aufgabentext angefügt werden, sofern nicht eine andere Reihenfolge von Ihrem Übungsleiter vorgeschrieben wird: Bisweilen wird gefordert, erst die *Gliederung* und dann das Literaturverzeichnis anzufügen. Die hier vorgeschlagene gängige Reihenfolge erscheint sinnvoller, da die Gliederung in unmittelbarem inhaltlichen Zusammenhang mit der danach folgenden Ausarbeitung steht. Das Literaturverzeichnis *muß* einerseits alle Werke enthalten, die auch wirklich benutzt *und* zitiert wurden; andererseits *darf* auch nur diese Literatur im Literaturverzeichnis erscheinen! Was Sie bei der Bearbeitung bzw. Vorbereitung der Lösung alles *gelesen* haben, ohne es zu verwenden, »interessiert« den Korrektor nicht!

Weiterhin sollten Sie nicht versuchen, jede juristische Banalität oder Binsenweisheit mit einem Zitat zu belegen, um Ihr Literaturverzeichnis aufzublähen! Obwohl es selbstverständlich nicht möglich sein wird, Probleme eines Hausarbeitsfalles anhand von »zwei oder drei« Büchern zu lösen, ist die Quantität des Literaturverzeichnisses kein Garant für die Qualität einer wissenschaftlichen Arbeit!

Ob Sie das Literaturverzeichnis, unabhängig von der Art des benutzten Werkes, alphabetisch nach Verfassern bzw. Herausgebern ordnen oder – was manche Professoren noch gerne sehen – in Lehrbücher, Kommentare, Monographien und Aufsätze (auch Urteilsanmerkungen und Rezensionen) aufteilen und innerhalb dieser Rubriken alphabetisch nach Verfassern zitieren, sei Ihnen grundsätzlich selbst überlassen. Eines aber ist wichtig: Einheitlich muß es sein!

Die alphabetische fortlaufende Auflistung *aller* Werke hat gegenüber der Gruppenaufteilung sicherlich den Vorteil, daß sich der Korrektor beim Nachprüfen der Zitate in den *Fußnoten* (dazu unten mehr) rascher zurechtfindet, da aus diesen Zitaten nicht immer ersichtlich ist, in welcher Gruppe ein Autor zu suchen ist.

Wie die einzelnen Werke im Literaturverzeichnis zitiert werden, hängt davon ab, welcher der genannten Gruppen sie zuzuordnen sind:

*a) Lehrbücher*

Zitiert wird zunächst der Name (Vorname grundsätzlich nur, wenn Verwechslungsgefahr – z. B. mehrere »Schmidts« – besteht ...) des Verfassers. Titel wie »Prof.«, »Dr.« u. ä. sind dabei völlig »uninteressant«, d. h., sie sind unbedingt wegzulassen! Mehrere Verfasser eines Werkes sind *nicht* mit Bindestrichen, sondern mit Schrägstrichen zwischen den Namen wiederzugeben. Bindestriche sind für Doppelnamen vorbehalten! Weiterhin ist anzugeben der genaue Sachtitel des Werkes, den man nicht dem Einband (Umschlag) entnimmt, sondern der ersten Titelseite innerhalb des Buches, da außen häufig verkürzte Titel zu finden sind!

Bei mehrbändigen Werken ist der benutzte Band mit eventuellem Untertitel aufzuführen. Von jedem Werk ist die jeweils neueste Auflage zu benutzen und diese mit dem Erscheinungsjahr zu zitieren. Hin und wieder wird auch noch der Erscheinungsort verlangt, was aber immer mehr unüblich ist. Keinesfalls dürfen Sie den Verlag zitieren! Für

*b) Kommentare*

gilt im wesentlichen dasselbe, wobei im Literaturverzeichnis i. d. R. – entsprechend dem Innentitel des Werkes – der oder die Herausgeber (nicht ein einzelner Mitautor – vgl. dazu unten *Fußnoten!*) angegeben werden. Also: Name, Kommentartitel, gegebenenfalls Bandnummer und Untertitel, Auflage und Erscheinungsjahr.

*c) Monographien*

sind wissenschaftliche Darstellungen, die sich mit einem einzelnen Problem befassen. Für ihre Zitierweise gilt im wesentlichen das gleiche wie für Lehrbücher. Sofern es sich dabei um Dissertationen handelt, die nicht in einem Verlag, sondern im »Selbstdruck« erschienen sind, ist es üblich, sie durch die Abkürzung »Diss.« zu kennzeichnen sowie den Hochschulort und das Jahr der Promotion hinzuzufügen.

*d) Aufsätze, Entscheidungsrezensionen und Urteilsanmerkungen*

Zitiert werden Name des Verfassers, genauer Titel des Aufsatzes (bzw. die Entscheidung des Gerichts, wie sie der Verfasser einer Rezension oder einer Anmerkung selbst bezeichnet hat), Name der Zeitschrift (mit der gängigen Abkürzung!) oder sonstige Fundstelle, Jahreszahl (nicht verkürzt, sondern vollständig, also z. B. 1992 – »92« ohne »19« könnte eventuell irreführend auf den Erscheinungs*jahrgang* der Zeitschrift hinweisen, der oft nicht mit dem Kalenderjahr übereinstimmt!), Seitenzahlen (die Abkürzung »S.« für »Seite« fällt üblicherweise weg).

Die einzelne Heft-Nummer einer Zeitschrift wird grundsätzlich nicht mitzitiert; Ausnahme: Der Jahrgang ist nicht mit Seitenzahlen durchnumeriert, sondern beginnt (z. B.) jeden Monat mit Seite 1!

Haben Sie von einem Verfasser mehrere Titel verwendet, so brauchen Sie seinen Namen nicht zu wiederholen, sondern können die Abkürzung »ders.« (für »derselbe«) benutzen. Um in den Fußnotenzitaten (siehe unten) Verwechslungen auszuschließen, sollten die verschiedenen Werke entweder durch Unterstreichung eines markanten Wortes des Titels (das dann im Fußnotenzitat neben dem Verfassernamen erscheint) gekennzeichnet werden, oder man vermerkt hinter dem Erscheinungsjahr in Klammern die besondere Zitierweise im Text, z. B. bei »Larenz« (zit.: »Allg. Teil«; zit.: »Allg. Schuldrecht«).

Bisweilen kommt es auch vor, daß man zur Bearbeitung Gesetzesbegründungen oder Gesetzesentwürfe heranziehen muß, für die kein Verfasser oder Herausgeber zeichnet. Dann ordnet man diese mit dem Sachtitel und der Fundstelle alphabetisch zwischen die Autoren im Literaturverzeichnis ein.

*e) Beispiel für ein Literaturverzeichnis (Auszug)*

Unter Berücksichtigung dieser Hinweise kann ein Auszug aus einem Literaturverzeichnis beispielhaft folgendermaßen aussehen:

| | |
|---|---|
| *Baur* | Lehrbuch des Sachenrechts, 15. Aufl., 1989 |
| *Begründung* | des Entwurfs eines Gesetzes über den Gemeinschaftswald im Land Nordrhein-Westfalen – Gemeinschaftswaldgesetz –, Drucksachen des Landtages von NRW Nr. 7/3806 vom 30. 4. 1974, 23 ff. |
| *Brauner* | Streitige Rechtsfragen in der Fallbearbeitung, in: Jura 1992, 15 ff. |
| *Bundesminister der Justiz* (Hrsg.) | Abschlußbericht der Kommission zur Überarbeitung des Schuldrechts, 1992 |
| *Honsdorf* | Zur Aufrechnung im Konkurs – Grundprobleme und ihre Bedeutung für praxisrelevante Aufrechnungsfragen –, Diss., Freiburg 1982 |
| *Larenz* | Allgemeiner Teil des deutschen Bürgerlichen Rechts, 7. Aufl., 1989 (zit.: »AT«) |
| *ders.* | Lehrbuch des Schuldrechts, Band I: Allgemeiner Teil, 14. Aufl., 1987 (zit.: »SchR«) |
| *Medicus* | Bürgerliches Recht, 15. Aufl., 1991 (zit.: »BR«) |
| *ders.* | Allgemeiner Teil des Bürgerlichen Rechts, 4. Aufl., 1990 (zit.: »AT«) |
| *Palandt* (Hrsg.) | Bürgerliches Recht, Kurz-Kommentar, 51. Aufl., 1992 |
| *Schmidt-Preuß* | Lohnstopp durch Zivilurteil – BGH NJW 1978, 2031; in: JuS 1979, 551 ff. |

*Wörlen* Grundzüge des Privatrechts, Band III: Grundbegriffe des Sachenrechts sowie Überblick über das Familienrecht und das Erbrecht, 1992 (zit.: »SachR«)

*ders.* Anmerkung zu LG Kassel, Urt. v. 27. 8. 1986 – 6 O 204/86 –; in: **AgrarR 1987,** 58 f.

*ders./Meier-Rudolph* Rechtsfolge- und Rechtsgrundverweisungen im BGB; in: JA 1981, 450 ff.

Reine Gerichtsentscheidungen, die entweder in den amtlichen Entscheidungssammlungen (z. B. BGHZ oder RGZ) oder in Rechtsprechungsübersichten von Zeitschriften zu finden sind, werden nicht ins Literaturverzeichnis aufgenommen, sondern erscheinen nur in den Fußnoten des Textes der Hausarbeit (siehe unten).

### 4. Abkürzungsverzeichnis

Grundsätzlich ist ein Abkürzungsverzeichnis in Hausarbeiten nicht üblich. Sollte indessen Ihr Übungsleiter ein solches verlangen, so darf es nur die Abkürzungen enthalten, die Sie in Ihrer Ausarbeitung tatsächlich auch benutzen. Dabei sollten Sie möglichst keine eigenen Abkürzungen erfinden, sondern sich an die üblichen Abkürzungen halten, die Sie entweder in einem Lehrbuch oder einem Kommentar finden können. Wenn Sie es besonders korrekt machen wollen, so empfiehlt es sich, das im Literaturverzeichnis dieses Buches genannte Werk von *Kirchner, Abkürzungsverzeichnis der Rechtssprache* zu benutzen. Da Abkürzungen nicht unbedingt die Lesbarkeit der Ausarbeitung fördern, sollte man damit möglichst zurückhaltend sein.

Wenn Sie ein Abkürzungsverzeichnis anfertigen müssen, so ist es sinnvollerweise *dem Literaturverzeichnis voranzustellen,* da auch in diesem schon Abkürzungen vorkommen können.

### 5. Gliederung

In Hausarbeiten wird (wie bereits oben im *Anhang* I, 4 angedeutet) eine Gliederung verlangt, die die nachfolgende Ausarbeitung (den Text der Hausarbeit) abschnittsweise mit Überschriften bezeichnet.

Diese mit Gliederungsziffern (und gegebenenfalls Buchstaben) zu versehenden Überschriften sollen dem Korrektor einen ersten Überblick über den Gedankengang der folgenden gutachtlichen Fallbearbeitung geben. Hilfreich ist es durchaus, die Überschriften wie in einem Inhaltsverzeichnis mit Seitenangaben zu versehen.

Die Gliederung soll so knapp wie möglich und so ausführlich wie nötig sein, um über den Inhalt und folgerichtigen Aufbau der Arbeit zu informieren. Im Vordergrund steht dabei die Übersichtlichkeit, die nicht mehr gewährleistet ist, wenn der Verfasser einer z. B. 40seitigen Hausarbeit »10 Seiten Gliederung« voranstellt, in der er »jedem« (seiner in wenigen Sätzen ausgeführten) Gedanken eine eigene Überschrift widmet! Unabhängig davon, welches Gliederungssystem man bevorzugt – die »klassische« Gliederung oder die moderne »Dezimalgliederung« (*vgl. dazu oben Anhang* I, 4 a und b = unbedingt lesen, falls noch nicht geschehen!) –, die Untergliederung muß »irgendwo« ein Ende haben! Beim »klassischen« System sollte eigentlich bei A, I, 1, a), aa) Schluß sein; wenn dann noch mit aaa) oder gar mit *α, β* und *γ* usw. untergliedert wird, wird der Leser »schwindelig«, und vieles deutet darauf hin, daß es dem Verfasser bei der Anfertigung der Hausarbeit ebenso erging und er selbst die Übersicht verloren hat . . .!

Entsprechende Vielfach-Untergliederungen unter Benutzung des Dezimalsystems lassen die Gliederung bisweilen wie einen Auszug aus einer Mathematik-Arbeit erscheinen!

Die Überschriften zu den Gliederungspunkten müssen *Überschriften* sein, d. h., der Gedankengang ist stichwortartig kurz und präzise, *nicht* in langen ausformulierten Sätzen (gar noch mit Punkt oder Fragezeichen am Ende) wiederzugeben! Einen hübschen klarstellenden Metapher verwendet *Brühl* (S.156): »Die Gliederung soll ein Fahrplan, kein Reisebericht sein!«

Unnötig ist es, die Gliederungsüberschriften im Text der Ausarbeitung zu wiederholen (sofern es nicht ausdrücklich verlangt wird); es genügen dort die Gliederungsziffern (bzw. -buchstaben)! Sie »dürfen« bzw. sollen »kein Lehrbuch schreiben«, sondern ein Gutachten! Dieses folgt im Anschluß an die Gliederung als

## 6. Ausarbeitung

### *a) Optik*

Im Text muß (wie auch schon in der Gliederung!) *ein Drittel Korrekturrand* gelassen werden! Bei Benutzung von althergebrachten Schreibmaschinen empfiehlt es sich, den Rand wegen der akkurateren Optik *links* zu lassen. Für den Korrektor, an den Sie (bei der Reinschrift) der Arbeit auch einmal denken sollten und der überwiegend Rechtshänder ist, zumindest aber als geschulter Europäer von links nach rechts *liest,* ist es einfacher (bequemer), die Korrekturen im Lesefluß *rechts* anzubringen ... Elektronische Schreibmaschinen oder ein PC ermöglichen heute einen Blocksatz, der es einfach macht, links und rechts bündig zu schreiben, so daß Sie damit den Korrekturrand rechts lassen sollten.

Wenn auch die Optik wichtig ist: Allein die Tatsache, daß Sie möglicherweise einen hochwertigen PC mit Laser-Drucker besitzen, der Sie ein bestechendes Schriftbild präsentieren läßt, ist kein Garant für die Güte der Arbeit! Maßgeblich für die Benotung der Arbeit ist in erster Linie ihr Inhalt!

*Fazit:* »Ausgezeichneter« (= Note »1«, z. B. in Bayern, wo »sehr gut« durch die Note »2« präsentiert wird) Inhalt + schlampige Form ergeben »nur« ein »sehr gut«! Bewundernswertes Schriftbild (Form) mit Laser-Drucker + mangelhafter Inhalt ergeben: »mangelhaft«!

### *b) Fußnotenzitate*

aa) Warum zitieren?

Zum einen, weil »wir« nicht »alles« wissen (können), aber wissen sollten, »wo es steht«; zum anderen ist es Sinn der Zitate zu zeigen, mit welcher Literatur man sich auseinandergesetzt hat. Der Leser eines juristischen Gutachtens soll anhand der Zitate rasch und präzise feststellen können, wessen Rechtsmeinungen die Bearbeiter/innen herangezogen haben und welchen sie folgen bzw. welche sie ablehnen.

Zitieren in juristischen Arbeiten bedeutet also nicht nur die wörtliche Wiedergabe einer Quelle, sondern meistens die Wiedergabe einer Fundstelle, in der die Meinung des Verfassers – sofern es nicht seine eigene ist – zu finden ist oder wodurch sie gestützt wird.

Bei der Erstellung eines wissenschaftlichen Gutachtens gilt das Prinzip der Zitierwahrheit! »Schlimmer« als (siehe oben) seine Arbeit und sein Literaturverzeichnis durch Zitate von bekannten Binsenweisheiten aufzublähen, ist es, fremde Weisheiten als eigene zu »verkaufen«! Korrektoren haben meistens mehr gelesen, als Bearbeiter/innen einer Hausarbeit glauben!

Fußnoten sollten in Hausarbeiten immer unter jeder Seite erscheinen. Ob sie auf jeder Seite mit Fußnote 1 beginnen oder abschnittsweise oder gesamt durchnumerieren, bleibt Ihrem Geschmack überlassen. Keinesfalls sollten die gesamten Fußnoten am Ende der Arbeit erscheinen, da dies durch ständiges Hin- und Herblättern die Arbeit des Korrektors erschwert.

Fußnoten in Hausarbeiten dienen *nur* als Fundstellennachweis: Problemerörterungen gehören nicht in die Fußnoten, sondern in den Text! Es wird von Ihnen trotz aller notwendigen Auseinandersetzung mit Theorienstreiten, wie gesagt, kein »Lehrbuch«, sondern die gutachtliche Lösung eines Falles verlangt!

bb) Formelle Zitierweise in Fußnoten

Haben Sie ins Literaturverzeichnis nur *ein* Werk (Lehrbuch, Aufsatz o. ä.) von *einem* Verfasser aufgenommen, genügt aus ökonomischen Gründen im Fußnotenzitat der Name des Verfassers und die Seitenzahl, auf der sich dessen wiedergegebener Gedanke befindet.

Erscheint ein Verfasser im Literaturverzeichnis mehrfach, zitieren Sie »Name, Kurztitel, Seitenzahl« (z. B. Fn. 20): »*Larenz,* AT, S. 220« und später (Fn. 25): »*Larenz,* SchR, S. 125«, wobei die Zitate der Kurztitel Ihren Hinweisen im Literaturverzeichnis entsprechen müssen. Würden Sie die beiden eben genannten Zitate hintereinander in zwei Fußnoten (Fn. 20 und Fn. 21) bringen, könnten Sie schreiben (Fn. 20): »*Larenz,* AT, S. 220«, (Fn. 21): »*ders.,* SchR, S. 125«.

Zur beliebten Zitierweise »a.a.O.«: Dieses Zitat muß sich immer, verwechslungsausschließend, auf das vorhergehende (das kann auch mehrere Seiten vorher sein) letzte Zitat desselben Werkes (= desselben Verfassers) beziehen!

**Beispiel:**

1 *Larenz,* AT, S. 250
2 *ders.,* SchR, S. 125
3 *a.a.O.,* S. 128

**oder**

1 *Larenz,* AT, S. 250
2 *ders.,* SchR, S. 125
3 *Medicus,* BR, S. 233 (oder, falls ein Buch, wie das hier genannte, mit Randnummern versehen ist, besser: »Rdnr. 404«)
4 *Larenz,* a.a.O., S. 128

Beide Male bedeutet a.a.O., daß Sie »Larenz, SchR, S. 128« zitieren!

In den Fußnoten muß (darf) also, wie gesagt, nicht der volle Titel aus dem Literaturverzeichnis wiederholt werden. Es dürfen Abkürzungen verwendet werden, die Verwechslungen ausschließen. Zitieren Sie einen Verfasser eines Werkes mehrfach hintereinander, können Sie aus »optisch-ästhetischen« Gründen, um Wiederholungen zu vermeiden, z. B. folgendermaßen zitieren:

1 *Larenz,* AT, S. 250
2 *a.a.O.,* S. 252
3 *ebenda,* S. 256
4 *passim**, S. 260

Das sieht weniger »langweilig« aus als:

1 *Larenz,* AT, S. 250
2 *a.a.O.,* S. 252
3 *a.a.O.,* S. 256
4 *a.a.O.,* S. 260

oder

1 *Larenz,* AT, S. 250
2 *Larenz,* AT, S. 252
3 *Larenz,* AT, S. 256
4 *Larenz,* AT, S. 260

---

* lat. = »ebendort« . . .

*Kommentare* werden nicht mit Seitenzahlen, sondern gemäß ihrem Aufbau nach *Herausgeber/Bearbeiter,* Paragraph sowie Anmerkungsnummer oder Randnummer (sofern vorhanden) zitiert, also:

1 *Palandt/Putzo,* § 433, Anm. 2 a aa

**oder**

1 *Palandt/Putzo,* § 433, Rdnr. 7

**Anderes Beispiel:**

1 *Palandt/Putzo,* Einf. v. § 433, Anm. 1 a

**oder**

1 *Palandt/Putzo,* Einf. v. § 433, Rdnr. 1

Wenn Sie diese Beispielszitate vergleichen (aufsuchen), werden Sie verstehen, was gemeint ist.

*Aufsätze* zitiert man herkömmlicherweise mit dem Namen des Verfassers, der Fundstelle und der Seitenzahl, auf der das Zitat zu finden ist (z. B. *Brauner,* Jura 1992, 17). Da das Zitat mit dem Literaturverzeichnis korrespondiert (korrespondieren *muß!*), genügt es, falls der Verfasser im Literaturverzeichnis nur *einmal* auftaucht, daß man z. B. zitiert: »*Brauner,* S. 17« – Verwechslungen sind dann ausgeschlossen!

*Gerichtsentscheidungen* (Urteile, Beschlüsse) werden *nur* in Fußnoten (nicht im Literaturverzeichnis – siehe oben) zitiert, und zwar mit den üblichen Abkürzungen der Entscheidungssammlungen bzw. der Rechtsprechungsübersichten der jeweiligen Zeitschriften.

**Beispiele:**

BGHZ 20, 159 (162)
RGZ 74, 234 (236); 146, 97 (102)
AG Stuttgart NJW 1989, 2047 (2048)
BGH LM Nr. 7 zu § 459 Abs. 1

Die Zahlen in Klammern verweisen auf die direkte Fundstelle, die Zahlen davor auf den Beginn der jeweils zitierten Entscheidung.

Daß die ersten Zahlen bei Entscheidungssammlungen die Bandnummer und bei Zeitschriften das Erscheinungsjahr bedeuten, wissen Sie bereits.

Das *Gesetz,* das Sie zur Lösung Ihres Hausarbeitsfalles benutzen, wird im Text als solches mit der gängigen Abkürzung zitiert! Fußnotenverweise auf Paragraphen sind unüblich bzw. falsch! Ausnahme: Wenn Sie – z. B. – eine reine Zivilrechtsarbeit anfertigen müssen, in der ca. 200mal BGB-Paragraphen zitiert werden müssen, können (sollten) Sie durchaus das erste Paragraphenzitat im Text mit einem Fußnotensternchen versehen und unten auf der Seite das Sternchen als Fußnote mit dem Zusatz wiederholen: * »Alle Paragraphen ohne Bezeichnung sind solche des BGB!« Paragraphen aus der ZPO oder der GBO z. B. müssen dann im Text voll zitiert werden, also: »gem. § 935 ZPO«, »gem. § 45 GBO« usw.!

Zur einheitlichen Zitierung von Absätzen, Sätzen oder Halbsätzen (*genaue* Zitierweise ist gefordert) *vgl. Anhang I 5* (S. 116 f.) in diesem Buch.

Zur oben bereits erwähnten Zitierwahrheit gehört übrigens auch, daß Sie Zitate aus zweiter Hand niemals ungeprüft übernehmen dürfen.

*c) Sprache und Stil*

Die Sprache der Juristen (vgl. dazu *meinen Band I,* S. 3 f.) scheint bisweilen eine andere zu sein als die eines »normalen« Menschen! (vgl. dazu auch auch *Honsell,* a.a.O.). Das ist nur insofern richtig, als die Sprache der Juristen genauso wie die Sprache anderer wissenschaftlicher Bereiche die Kenntnis einer Vielzahl von Fachausdrücken voraussetzt. Ein Jurist, ein solcher, der es werden will, oder jemand, der sich als Wirtschaftswissenschaftler mit »Recht« befassen muß (bei allen Genannten setzt man das Abitur voraus!), muß seine Muttersprache beherrschen, wenn er »mitreden« (oder »-schreiben«) will!

Wer nicht in der Lage ist, sich orthographisch und grammatikalisch richtig auszudrücken, wird kaum in der Lage sein, Sachprobleme souverän und verständlich darzustellen. Besonders wichtig ist es, klar strukturierte und möglichst kurze Sätze zu verwenden. Direkte Fragen, Subjektivismen (»Ich bin der Meinung«, »meines Erachtens«) sowie sogenannte »Kraftausdrücke« (»zweifellos«, »eindeutig«, »völlig daneben« oder »abwegig«, um nur einige zu nennen) sind ebenso zu vermeiden wie übertriebene Polemik. Kritik kann durchaus angebracht sein, aber sie muß sachlich bleiben. Mit typischen Juristenausdrücken wie »jedoch«, »hingegen«, »indessen«, »also«, »mithin«, »somit«, »daher« usw. sollte sparsam umgegangen werden. Häufig liest man Sätze, in denen diese Worte ohne jeden Sinn verwendet werden.

**Beispiel:**

»A könnte gegen B einen Anspruch auf Lieferung des Autos gem. § 433 Abs. 1 S. 1 BGB haben. Dann müßte *jedoch* zwischen A und B ein wirksamer Kaufvertrag zustande gekommen sein ...« Das »*jedoch*« ist sinnlos bzw. überflüssig und kann ersatzlos entfallen!

Um allzu häufige Wortwiederholungen zu vermeiden, sollte man ein Synonym-Wörterbuch (z. B. *Duden*, Band 8) zu Rate ziehen.

Zu Recht stellt *Diederichsen* (Die BGB-Klausur, S. 171) fest: »Ein erfahrener Prüfer erkennt den Ausbildungsstand eines Kandidaten an den ersten drei Sätzen« und fügt ein Zitat von *Horn* (a.a.O., 449) hinzu: »Wer Schwierigkeiten mit Rechtschreibung, Grammatik und Zeichensetzung hat, riskiert bei schriftlichen Arbeiten einen Punkteabzug.« Dem ist uneingeschränkt zuzustimmen!*

## 7. Unterschrift

An zahlreichen Hochschulen wird verlangt, daß Hausarbeiten auf der letzten Seite vom Verfasser eigenhändig unterschrieben werden.

* Reine »Tippfehler«, die übersehen werden, wenn man sein eigenes Werk zum »zigsten Mal« überliest, sind verzeihlich! Sowohl in Hausarbeiten als auch in Lehrbüchern ...